Superman versus Batman
Adaptación del cómic al cine desde la semiótica

Superman versus Batman
Adaptación del cómic al cine desde la semiótica

RAÚL GISBERT CANTÓ

UNIVERSITAT DE VALÈNCIA
2025

ENGLISH IN THE WORLD SERIES

DIRECCIÓN DE LA COLECCIÓN
Antonia Sánchez Macarro
Juan José Martínez Sierra
Universitat de València, España

CONSEJO ASESOR INTERNACIONAL

Enrique Bernárdez, *Universidad Complutense de Madrid, España*
Anne Burns, *Macquarie University, Sidney, Australia*
Angela Downing, *Universidad Complutense de Madrid, España*
Martin Hewings, *University of Birmingham, Reino Unido*
Ken Hyland, *University of East Anglia, Reino Unido*
James Lantolf, *Penn State University, Pensilvania, EE. UU.*
Michael McCarthy, *University of Nottingham, Reino Unido*
Eija Ventola, *Aalto University, Finlandia*
M. Mar Rivas, *Universidad de Córdoba, España*

Publicación sometida
a peer review
PUV

© Del texto, el autor, 2025
© De esta edición, Universitat de València, 2025

Diseño y maquetación: Celso Hernández de la Figuera

Imagen de cubierta: reinterpretación y fotomontaje de Celso Hernández de la Figuera
Diseño de la cubierta: Pere Fuster (Borràs i Talens Asesores S. L.)
Corrección: David Lluch

ISBN (PAPEL: 978-84-1118-605-6
ISBN (EPUB): 978-84-1118-606-3
ISBN (PDF): 978-84-1118-607-0
D. L.: V 2331-2025

Impresión: Innovación y Cualificación S. L. (Podiprint)

ÍNDICE

Introducción

En la actualidad existen multitud de obras basadas en los procesos de adaptación de unos medios a otros, como, por ejemplo, las adaptaciones de obras literarias al cine o al teatro. No obstante, debido a la popularidad de estas últimas, pocos trabajos, como los de Botella y García (2018), López (2016), Koole (2012) o Vidaurre (2006), se han centrado en la adaptación del cómic, y algunos específicamente del cómic de superhéroes, a la gran pantalla. Por esta razón consideramos que existen una serie de aspectos fundamentales que prácticamente no han sido analizados y que requieren atención, tales como el estudio eminentemente semiótico[1] del proceso de adaptación de los cómics de superhéroes al cine a lo largo de su trayectoria o cómo dichas adaptaciones toman forma según el periodo cronológico en el que se producen.

En este sentido, el cómic, como producto origen para su posterior trasvase a la gran pantalla, presenta aspectos interesantes: por una parte, la estrecha relación entre texto e imagen, factor que permite analizar este medio desde múltiples puntos de vista, como el uso del color, las dificultades de traducción de este tipo de medio audiovisual, la construcción de la narrativa o la evolución de la representación de ciertos elementos; por ejemplo, la arquitectura, los paisajes, la flora

---

1 Existe un debate sobre si la semiótica y la lingüística son disciplinas diferentes o si, en cambio, una se inserta dentro de la otra. Autores como Sánchez opinan que deben separarse, puesto que cada una le da un valor y una definición al signo y «en esa apreciación se basa la relación antagónica o, mejor, de diferencia entre la lingüística y la semiótica» (2008: 12). Por otra parte, Bobes, en su obra *La semiótica como teoría lingüística* (2008 [1973]), ofrece interesantes reflexiones sobre cómo la semiótica se inserta dentro del marco de la lingüística, aunque su foco de estudio se distancia de lo puramente lingüístico y abre nuevas vías de investigación. En este sentido, la presente investigación se decanta por concebir la semiótica como una disciplina separada de la lingüística, puesto que esta última no parece otorgar relevancia a la interpretación del signo.

y fauna o la forma de vestir. Por otra parte, y centrándonos en los cómics de superhéroes, la constante evolución de este género: como veremos a lo largo de este estudio, tanto la serie de cómics *Action Comics* como *Detective Comics* han tenido, en sus más de cien años de vida, un gran número de autores, dibujantes, coloristas, entintadores y rotulistas, por lo que es lógico pensar que existe una gran variedad de posibilidades para representar a un mismo personaje y todo lo que le rodea. Por consiguiente, podremos observar cómo la representación de las figuras de los dos superhéroes centrales en este libro, Superman y Batman, sufre cambios a lo largo de los años, así como sus trajes y los lugares en los que suceden las historias que protagonizan.

El cine, a su vez, como producto adaptado de otro medio audiovisual, el cómic impreso, en el caso que nos ocupa, también recoge algunas características que deben ser señaladas, como el uso de diferentes planos, los efectos especiales y la fidelidad de la adaptación. En nuestro caso, aunque abordaremos todos estos aspectos a lo largo de la obra, nos vamos a centrar en el nivel de fidelidad que presentan los elementos adaptados. Por ende, nos interesa comprobar la forma en la que se adaptan tanto la arquitectura como los trajes de estos superhéroes desde los distintos grados de fidelidad, lo que abordaremos en el capítulo dedicado al análisis de los elementos cinematográficos.

Estos dos medios comparten, como veremos más adelante a partir del análisis del corpus seleccionado, una serie de características que definen su propia naturaleza como productos audiovisuales:[2] entre muchos otros, podemos destacar el predominio de la imagen para ilustrar una historia, la narrativa secuencial que estructura la obra, la interpretación del movimiento, tanto a nivel diegético como extradiegético, y la presentación de los elementos auditivos (en el cine a través de las pistas de audio y en el cómic mediante las onomatopeyas y la disposición y el contenido de las propias viñetas).

Así, este libro pretende analizar, a través de la lectura de un elevado número de cómics y del visionado de todas sus adaptaciones al cine, cómo las figuras de los superhéroes Batman y Superman, los dos de la editorial DC, han sido representadas en ambos medios (cómic y

---

2 En el presente trabajo, e independiente de sus conexiones con la literatura (véase, por ejemplo, Saéz, 2021), se considera al cómic como un elemento de carácter audiovisual, pues combina imagen con el sonido; este sonido puede ser representado de diferentes maneras: a través de onomatopeyas o, en ocasiones, las propias imágenes pueden evocar algún sonido en la mente del lector. En este sentido, cabría mencionar el trabajo de Reverter (2019), que en su tesis inscribe el cómic dentro de la modalidad de traducción audiovisual.

cine), así como los espacios en los que suceden sus respectivas historias, basando siempre este análisis en ciertos conceptos semióticos propuestos por Charles Sanders Peirce. Para ello, en primer lugar, presentaremos un breve recorrido por la historia del cómic, en general, y de DC, junto a sus dos principales personajes, Superman y Batman, en particular. Seguidamente, abordaremos las características fundamentales del cine de superhéroes, así como la principal herramienta de análisis del trabajo: la semiótica. Por último, tras un apartado sobre aspectos culturales y los criterios de selección del corpus de esta obra, presentaremos el estudio que hemos llevado a cabo.

Glosario

En este apartado se definen ciertos conceptos clave que han aparecido a lo largo de este trabajo, para lo que nos servimos, entre otros recursos, del *Diccionario de la Real Academia Española de la Lengua* (DRAE), del *Diccionario Panhispánico de Dudas* (DPD) y de fuentes especializadas en el ámbito del cómic. La razón principal de ofrecer las siguientes definiciones viene dada por la necesidad de esclarecer al lector ciertos términos que puedan llevar a confusión o para matizar la definición de conceptos que podrían presentar problemas de interpretación.

Cómic

Según el DRAE (2019: en línea) y el DPD (2019: en línea), el cómic quedaría definido como una «serie o secuencia de viñetas que cuenta una historia», así como el «libro o revista que contiene esas viñetas». Proviene del término inglés *comic book* y Eisner lo define como un «despliegue secuencial de dibujo y globos dialogados» (2003a: 6). Muro también aporta una definición que debemos tener en cuenta: «… medio de comunicación de masas, basado en imágenes dibujadas y por lo general, palabra escrita» (2004: 63).

Género de superhéroes

Entre las múltiples definiciones que el DRAE (2019: en línea) propone para el término *género*, hemos escogido la siguiente acepción, pues se aproxima notablemente al contenido del presente trabajo: «En las artes, sobre todo en la literatura, cada una de las distintas categorías o clases en que se pueden ordenar las obras según rasgos comunes de forma y de contenido». De este modo, en el caso que nos ocupa, nos centramos en el género de superhéroes, pues tantos los cómics como las películas que hemos analizado se pueden agrupar por los rasgos comunes que comparten, tanto en forma (narrativa) como en contenido (los protagonistas de estas historias son siempre superhéroes).

Historieta

La definición de *historieta* viene reflejada en el DRAE (2019: en línea) como una «serie de dibujos que constituye un relato cómico, fantástico, de aventuras, etc., con texto o sin él, y que puede ser una simple tira en la prensa, una o varias páginas, o un libro». Gubern establece que se trata de una «estructura narrativa formada por una secuencia progresiva de pictogramas, en los cuales pueden integrarse elementos de escritura fonética» (1972: 35). Por otra parte, Eco destaca que es «un producto cultural, ordenado desde arriba y que funciona según toda la mecánica de la persuasión oculta» (1974: 299). Con esta definición, Eco da a entender que se requiere un esfuerzo por parte del lector para interpretar una historieta, que posee un objetivo concreto, de forma correcta.

Medio de comunicación

El DRAE (2019: en línea) lo define como un «instrumento de transmisión pública de información, como emisoras de radio o televisión, periódicos, internet, etc.». Eco va más allá y define e ilustra de forma crítica los medios de comunicación de masas y afirma que «los *mass media* se dirigen a un público heterogéneo y se especifican según 'medidas de gusto', evitando las soluciones originales» (2016: 64). Así, propone que se trata de un acceso a la cultura donde los mensajes llegan a un amplio conjunto de público de forma acrítica. A su vez, Rodríguez hace referencia a la afirmación de Peeters para referirse a medio: «Peeters (2003: 6) señala igualmente la frecuente amalgama que se produce entre "género" y "medio", siendo esta última denominación, a nuestro parecer, más pertinente puesto que dota a la historieta de una merecida entidad propia» (Rodríguez, 2019: 19).

Narración gráfica / Novela gráfica

No hemos encontrado la definición de este concepto ni en el DRAE ni en el DPD, por lo que vamos a utilizar las definiciones de autores especialistas en el ámbito del cómic, los cuales aportan una idea clara de dicho término. Según Eisner, este tipo de narración se basa en una «descripción genérica de cualquier narrativa que se sirve de la imagen para transmitir una idea. Tanto el cine como el cómic recurren a la narración gráfica» (2003b: 6). García también aporta una interesante definición sobre la novela gráfica:

> ... es solo un término convencional que, como suele ocurrir, puede llamar a engaño, pues no hay que entender que con el mismo nos referimos a un cómic con características formales o narrativas de novela literaria [...], sino, sencillamente, a un tipo de cómic adulto moderno que reclama lecturas y actitudes distintas del cómic de consumo tradicional (2010: 16).

Serie

El DRAE define serie, o serial, como una «obra que se difunde en emisiones sucesivas» (2019: en línea). En este sentido, en el presente libro trabajamos, principalmente, con las dos series de cómic más relevantes de la editorial DC, Action Comics y Detective Comics, ambas publicadas de forma regular y sucesiva desde sus inicios.

Tebeo

El DRAE (2019: en línea) lo define como una «publicación infantil o juvenil cuyo asunto se desarrolla en series de dibujos», y clarifica que su nombre proviene de «TBO, nombre de una revista española fundada en 1917». Añade que se trata de una «serie de aventuras contadas en forma de historietas gráficas».

1

La historia del cómic

Desde su aparición, el cómic ha sido un tipo de literatura[1] relegado a un segundo plano: «… probablemente no exista ningún otro documento tan olvidado en la investigación por los profesionales de la información como el cómic, a pesar de que se encuentra presente prácticamente en la mayor parte de las bibliotecas» (Castillo, 2004: 1). Varillas, por su parte, comenta «la escasa repercusión que el mundo del cómic ha tenido en los ambientes universitarios y académicos» (2009: 17). Por último, recogemos las palabras de Tapia sobre este hecho, pues, según ella, «a pesar de haber sido considerado durante varias décadas como una manera de pasatiempo, podemos decir que hoy en día está consolidado como un arte que sirve como soporte para contar cualquier historia» (2018: 19). Sin embargo, tanto su historia como su repercusión en la sociedad a lo largo de los años son aspectos dignos de atención. Para iniciar este trabajo consideramos que es necesario realizar un análisis de la historia del cómic, ya que servirá de base y, a su vez, de marco teórico para posicionar esta investigación. Siendo este primer capítulo de naturaleza teórica, se abordarán en él los hechos más relevantes de la historia del cómic, teniendo en cuenta qué repercusiones tuvieron estos en los ámbitos culturales y sociales del momento.

---

1 Existe un debate sobre si el cómic debe ser considerado literatura o no. Encontramos estudios como el de Henao (2018), en el que afirma lo siguiente: «Esta idea del cómic como literatura también ha sido reforzada por algunos académicos […] que se disponen a hacer lo propio dando por sentado que el cómic es apto de un tratamiento tal». Por otra parte, autores como Montesinos consideran que el cómic no debe considerarse literatura: «… creemos que la distancia que separa ambas formas en términos específicos es en cierto modo irreconciliable» (2017: 16). En nuestro caso nos alineamos con la posición de Henao y otros autores que entienden que el cómic es literatura, puesto que ambos productos se basan en una expresión artística verbal.

Diversos estudios centrados en este tipo de textos comicográficos,[2] como la tesis doctoral de Fernández (2017) o los artículos académicos de Pons (2013) y Rodríguez Moreno (2015), han desarrollado diferentes divisiones para organizar y estructurar la historia del cómic. La investigación de Fernández se basa en la tradicional periodización centrada en dos eras: la *Golden Age* y la *Silver Age*. En el caso que nos ocupa, hemos seleccionado la división propuesta por Duncan y Smith (2009), ya que contempla no solo aspectos históricos, sino también culturales y sociales, de forma cronológica. En el siguiente apartado explicaremos con mayor detalle las razones de nuestra elección.

1
Periodización de la historia del cómic

Periodizar hechos relacionados con las artes y las humanidades es una labor ciertamente complicada, ya que es casi imposible conocer el momento exacto del inicio y el final de cada hecho, ya se trate de una corriente artística, un movimiento o un fenómeno. En lo referente a la historia del cómic, la división canónica seguida por algunos estudiosos de este medio, como han sido López (2016) o Fernández (2017), se ha articulado en torno a tres etapas. Esta categorización quedaría de la siguiente forma: «... la Edad de Oro desde 1939 hasta mediados de los años cincuenta; la Edad de Plata desde mediados de los años cincuenta hasta 1970; la Edad de Bronce desde 1970 hasta mediados de los años ochenta» (Robb, 2014: 19).[3] No obstante, en el presente trabajo hemos optado por basar nuestro estudio en una periodización, a nuestro juicio, más completa. Una de las razones por la que se ha escogido la distribución sugerida por Randy Duncan y Matthew J. Smith en su obra *The Power of Comics: History, Form and Culture* (2009) viene dada, precisamente, por lo arriba expuesto, dado que esta propuesta presenta las eras del cómic de forma estructurada cronológicamente; es decir, se observa cómo, en algunos casos, en un mismo año aparecen dos eras diferentes, siendo correlativas. Por

---

2 Término acuñado por Rubén Varillas en su obra *La arquitectura de las viñetas. Texto y discurso en el cómic* (2009).
3 Traducción del original: «... the Golden Age is from 1938 to the mid-Fifties; the Silver Age from the mid-Fifties to 1970; the Bronze Age from 1970 to the mid-Eighties».

otra parte, consideramos que esta categorización es más detallada e incluye no solo la aparición del cómic de superhéroes, sino también la de otros subgéneros dentro de este mismo ámbito, como el género policíaco, el bélico o el de aventuras, con lo que resulta una periodización más realista de la historia del cómic. Por tanto, para la redacción de los siguientes epígrafes nos basaremos en las etapas que Duncan y Smith (2009: 22-81) proponen como la división óptima de la historia del cómic.

1.1 ERA DE LA INVENCIÓN (1830-1934) Dos de los principales rasgos de esta época son el reconocimiento del cómic como una forma de arte, como un medio de divulgación, y el establecimiento de sus principales características, tales como su fácil accesibilidad por parte de la población y el carácter contrastivo de la sociedad en la que se publica (Duncan y Smith, 2009: 23).

En esta era cabe destacar a Rodolphe Töpffer (1799-1846), profesor y caricaturista suizo que creó la literatura mediante imágenes o, como pasó a llamarse por sus contemporáneos, la *littérature en stampes*.[4] Esta nueva forma de arte secuencial se utilizará, a partir de este momento, con fines relacionados con el ocio y la diversión, siendo su principal rasgo la narración de historias de ficción. Su primera obra, *Histoire de M. Jabot* (1833), fue acogida con mucho interés por los caricaturistas de la época, ya que incorporaba las características que Töpffer incluyó en esta nueva forma de arte secuencial.[5] A partir de esta primera publicación, sus obras empezaron a tener éxito por toda Europa y fueron traducidas a diferentes idiomas, como el inglés, el italiano y el alemán. Burke (2015) afirma que la traducción al inglés de *Les Amours de M. Vieux-Bois* (1837), una de sus obras más conocidas, por *The Adventures of Obadiah Oldbuck*, llegó a Estados Unidos y fue considerada como fuente de inspiración para muchos caricaturistas, ilustradores y dibujantes estadounidenses.

En Estados Unidos, estas tiras visuales tuvieron un notable éxito, lo que fomentó la creación de una industria del *comic book*. Los primeros productos denominados como cómics eran colecciones reimpresas de

---

4 Este nuevo tipo de literatura basado en imágenes supondrá el cambio hacia un nuevo modelo de formato y expresión artística.

5 Bartual (2008) define este concepto como una denominación que «podría aplicarse a cualquier medio de expresión [...] cuya escritura esté basada en una disposición sucesiva y temporalizada de sus significantes».

las tiras cómicas más famosas de algunos periódicos estadounidenses. Desde 1897 se imprimieron miles de cómics y la mayoría de ellos, tal y como sucedía con las tiras cómicas de los periódicos, tenían como principales lectores a niños y jóvenes, siendo el cómic más famoso de esta época *The Yellow Kid* (1897),[6] que ya presentaba las características propias del nuevo modelo de *comic book*. Este nuevo fenómeno de reimprimir las tiras cómicas de los periódicos y ponerlas a la venta en formato de libro tuvo su auge, principalmente, durante las dos primeras décadas del siglo XX y, como consecuencia, muchos de los trabajadores de las revistas *pulp*[7] de entonces empezaron a dedicarse a la creación y publicación de cómics.

Hasta ese momento, las revistas *pulp* que incluían a héroes en las historietas habían pasado a conocerse popularmente como *hero pulps*, y en entre ellas podemos citar *El Zorro* (1919) y *Tarzán* (1921). A partir de este momento, los héroes empezaron a emerger y a cobrar un papel principal en las historietas publicadas en formato de *comic book*, por lo que estas se consideran como la base de la creación de los superhéroes que aparecerán a lo largo de los años treinta y cuarenta del pasado siglo.

1.2 ERA DE LA PROLIFERACIÓN (1934-1940) Esta era es una de las más cortas, pero, a su vez, una de las más importantes, ya que en ella (entre 1934 y 1938) apareció el primer cómic de Superman como primer número de un nuevo producto editorial llamado *Action Comics*, entendido como una evolución de sus predecesores en DC Comics. Este héroe contribuyó a establecer la identidad del *comic book* estadounidense. Joe Shuster, uno de los caricaturistas y dibujantes más conocidos de la nueva *Action Comics*, se encargó del diseño de Superman e introdujo una nueva forma de ver al personaje; basó su traje de superhéroe[8] en el de los trapecistas de un circo, vistiéndolo con mallas ajustadas y una llamativa y larga capa roja. Una vez acabado el nuevo personaje, todos los miembros de esta editorial

---

6   Creado por Richard F. Outcault, esta serie de historietas fue pionera en la introducción de bocadillos para establecer un diálogo.

7   «Publicación de carácter popular, propia de la cultura de masas, llamada así por la calidad del papel de pulpa en el que se imprimía, que abarataba los costes de este tipo de publicaciones. Se empezó a usar en EE. UU. a finales del siglo XIX» (Peregrina, 2014).

8   Como comenta Rodríguez Milán (2013), el término *superhéroe*, «aunque nació en 1917, se popularizó con la llegada de Superman en 1938».

aceptaron que era «The Greatest Super-Hero of All Times», tal y como aparecía en una de las frases de sus primeras ediciones. Cabe destacar que, en poco menos de un año, esta serie de cómics de Superman logró alcanzar la cifra de más de un millón de copias vendidas. Por una parte, fue el precursor de otros superhéroes vestidos o disfrazados del mismo modo, como el Doctor Fate o Átomo; por otra, fundó las bases de la concepción de la *historieta de superhéroes*, que mostraba a los lectores a tipos musculosos que luchaban contra el crimen.

Otro de los superhéroes más famosos nacidos en esta época, exactamente en 1939, es Batman, considerado como el segundo personaje con mayor impacto de la editorial DC. Este superhéroe fue creado por Bob Kane cuando apenas tenía 22 años. Batman no solo resultó un éxito, sino que también logró impulsar las ventas de Superman, llegando a los diez millones de copias vendidas por mes entre los dos superhéroes en ese mismo año.

En su libro titulado *Historia social del cómic* (2007), Terenci Moix ofrece una interesante cronología de los *comic books* más relevantes desde 1931 hasta 1940. Esta cronología, que comienza cuando aún se sufren los efectos del crac de la bolsa de Wall Street y finaliza justo antes de la entrada de Estados Unidos en la Segunda Guerra Mundial, presenta los personajes de cada cómic y, por extensión, los títulos de las publicaciones que llevan sus nombres:

1931: *Dick Tracy*, de Chester Gould.

1933: *Flash Gordon*, de Alex Raymond; *Terry and the Pirates*, de Milton Caniff.

1934: *Mandrake*, de Lee Falk y Phil Davis; *Li'l Abner*, de Al Capp; *Brick Bradford*, de William Ritt y Clarence Gray; *The Lone Ranger*, de Charles Flanders; *El Agente Secreto X-9*, de Alex Raymond y Dashiell Hammett.

1936: *The Phantom*, de Lee Falk y Ray Moore.

1937: *Príncipe Valiente*, de Harold Foster.

1938: *Superman*, de Jerry Siegel y Joe Shuster.

1939: *Charlie Chan*, de Alfred Andriola; *Batman*, de Bob Kane; *Tarzán*, versión de Burne Hogarth.

1940: *El Capitán América*, de Joe Simmons y Jack Kirby; *El Capitán Maravillas*, de C. C. Beck.

1.3 ERA DE LA DIVERSIFICACIÓN (1940-1952) Esta época constituye una de las etapas más difíciles para los cómics de superhéroes ya que, a partir de 1940, empezarán a surgir nuevos tipos de cómics, como, por ejemplo, de animales animados (*Pussy Catnip* en 1944), historietas románticas (*My Life* en 1948), westerns (*Red Ryder* en 1946) o de misterio y terror (*Spirit* en 1940). De todos estos nuevos géneros de cómic, el de animales animados y el de romances serán los que tengan más éxito debido, principalmente, a la aparición de *Walt Disney Comics and Stories* en 1940. A su vez, la aparición de *Young Romance* (Simon y Kirby, 1948) supuso una diversificación en los lectores, puesto que tanto muchos adolescentes como parte de la población femenina adulta vieron que existía una nueva publicación enfocada al mundo del amor. Como apunta García, «los cómics románticos devuelven la historieta [...] a la sociedad contemporánea, al mundo de las relaciones laborales y sentimentales plausibles y reconocibles por parte del lector» (2010: 109). No obstante, los planteamientos de estos no distan de los cómics de superhéroes; en ambos, normalmente, se plantea un problema que se resuelve al final de la historia.[9]

Dos de los géneros que se impusieron en esta década fueron el policíaco y el del crimen. Se trataba de historias en las que, al igual que en las románticas, los problemas planteados al inicio de la trama quedaban solucionados al final. Por otra parte, en lo que respecta a la recepción de estos géneros, «apuntaban a un público lector que probablemente se había destetado con los *comic books* de superhéroes, pero que ahora había entrado en la edad adulta y mantenía un hábito lector de cómics» (García, 2010: 110). En este sentido, cabe destacar *It Rhymes with Lust* (1950), creada por Waller y Baker. Es una historia en formato libro, lo cual significa un cambio notable en el formato común de los cómics en Estados Unidos, pues fue el primer ejemplar con estas características. En palabras de García, «solo pretendía descubrir un nuevo formato que llegase a un público potencial, el mismo público adulto joven que buscaron Joe Simon y Jack Kirby con *Young Romance*» (2010: 112).

Por último, otro aspecto digno de mención de esta era es la repercusión de la Segunda Guerra Mundial en este medio, pues, como señala García, «entre 1941 y 1944 las ventas de *comic books* habían

---

9   Esta estructura de las historias nos recuerda a la clásica aristotélica de tres actos: planteamiento, nudo y desenlace.

pasado de 10 a 20 millones de copias al mes, [...] pero con la paz, los superhéroes se batieron en rápida retirada» (2010: 107). Es decir, la guerra propició la lectura masiva del género del cómic de superhéroes, pero, una vez terminada, las ventas cayeron en picado.

1.4 ERA DEL ATRINCHERAMIENTO (1952-1956) Si la Era de la Diversificación constituyó una etapa complicada para los cómics de superhéroes, la del Atrincheramiento será la más difícil para todos los tipos de cómics existentes. Uno de los principales motivos es la aparición de la televisión, que se convertirá en el medio de masas y de difusión predominante. A finales de los años cincuenta, casi un 90 % de los hogares de Estados Unidos tenían un televisor, y este hecho condujo a que la lectura, tanto de cómics como de otros textos en general, decayera en favor del disfrute de este nuevo medio. Este fenómeno afectó principalmente a niños y adolescentes, que preferían ver a los superhéroes en pantalla en lugar de gastarse su dinero en comprar un cómic para, posteriormente, leerlo. No obstante, durante los primeros años de esta década, todo fue diferente:

> A mediados de los cincuenta la industria del *comic book* vendía centenares de millones de ejemplares al año, tanteaba nuevos géneros, como el romántico y el criminal, con el potencial de desarrollarse hacia horizontes adultos, y tenía de hecho un elevado número de lectores mayores de edad, aficionados a leer cómics desde la niñez. Los profesionales que empezaron como adolescentes a finales de los años treinta se habían consolidado, y empezaban a aparecer dibujantes con personalidad propia de un verdadero autor [...] Y fue entonces cuando todo se vino abajo, debido en gran medida a una campaña en contra del cómic a escala nacional (García, 2010: 133).

Es decir, con la llegada de la televisión, principalmente, y la continuidad de la radio como medio de comunicación, las críticas a los cómics obtuvieron una mayor difusión. Y así, teniendo en cuenta la notoriedad del cómic durante el periodo de la posguerra, se inició una especie de brecha generacional entre adultos y jóvenes:

> La situación empezó a cambiar en la posguerra, cuando la cultura juvenil empezó a hacerse más visible. Los adultos, sorprendidos por la presencia en las calles de jóvenes que se adherían a nuevas modas incomprensibles, se alarmaron. Se produjo un pánico por la delincuencia juvenil y se buscaron culpables en aquellos elementos distintivos de los jóvenes, como los *comic books* (García, 2010: 133).

Como consecuencia de estas persecuciones, en 1954 el psiquiatra Frederick Wertham publicó *Seduction of the Innocent*, una recopilación de ensayos en los que culpaba de la delincuencia juvenil a la mayoría de géneros de cómic, entre otros, a los de superhéroes, crimen y terror. Dicha publicación tuvo tal repercusión que se realizó una investigación sobre las publicaciones de cómic y su contenido y, aunque «no encontraron ninguna prueba que vinculase los *comic books* con la delincuencia juvenil ni razón que justificase ninguna legislación represiva» (García, 2010: 135), ese mismo año se creó el llamado Comics Code, que imponía restricciones de contenido a todas las publicaciones de cómics, «no solo a la representación de crímenes y actos de violencia, sino al tono con que estos podían ser mostrados» (García, 2010: 136). En este sentido, Vilches comenta lo siguiente:

> El código de los cómics prohibía los desnudos, la mención a las drogas y el sexo o la violencia explícita. El crimen podía aparecer, pero siempre que no triunfara y los delincuentes fueran castigados. La sangre no podía ser de color rojo, y los muertos vivientes de todo tipo también eran prohibidos tajantemente. Además, los *comic-books* no podrían llevar las palabras *crimen, horror* o *terror* en sus títulos (2014: 61).

Por su parte, DC, tras sopesar la gran repercusión de la televisión en la sociedad estadounidense y teniendo en cuenta el descenso de las ventas de sus cómics, decidió crear *comic books* basados en películas de cine y series de televisión. En este caso, se trataba de aventuras de nuevos personajes que aparecían en las pantallas, como el Mago Mandrake. Estas nuevas historias garantizaron la supervivencia de la editorial durante los años cincuenta e hicieron posible que tanto Superman como Batman fueran los únicos superhéroes que siguieran apareciendo periódicamente durante esta época. Aun así, como apunta García, «las condiciones de trabajo en las pocas editoriales que permanecieron activas se volvieron aún más restrictivas» (2010: 124).

Una vez que la televisión se hubo convertido en el principal medio de comunicación y entretenimiento, muchos de los editores de cómics decidieron abandonar los géneros emergentes (principalmente, las historias románticas y los cómics de terror) y volvieron al tema principal de la época dorada: el superhéroe. Como cierre de esta era, consideramos oportuno recoger las siguientes palabras de García:

Con el Comics Code, la industria del *comic book* se había reconocido expresamente como manufacturado de productos infantiles. Ya no habría más veleidades con temas o planteamientos que pudieran interesar a un público adulto. Es significativo en este sentido el regreso de los superhéroes, que se produjo lentamente desde la segunda mitad de la década [de los cincuenta] y se acabó de confirmar a principios de los sesenta, con el *revival* de algunos personajes antiguos de DC y, sobre todo, con la nueva fórmula de «superhéroes humanos» que trajeron Los Cuatro Fantásticos, Spiderman y demás personajes de Marvel. La industria del cómic había decidido su destino, había expulsado a quienes no se conformaban al mismo, y no había dejado ninguna puerta abierta a la renovación (2010: 139).

1.5 ERA DE LA CONEXIÓN (1956-1958) El superhéroe será el elemento central y, por tanto, el tema principal de los cómics que se publicarán a lo largo de los años sesenta. Es en esta era cuando aparecerán otros dos de los héroes más relevantes de DC: Aquaman y Hawkman.

En 1961, Stan Lee[10] crea, junto con Jack Kirby,[11] Los Cuatro Fantásticos. Estos nuevos superhéroes coinciden con sus predecesores de DC en el hecho de que todos llevan un traje que los caracteriza. La única diferencia notable es que estos personajes de Marvel no tienen identidades secretas, al contrario que Batman o Superman, aunque más tarde sí adoptarán esta característica, como es el caso de Spiderman. Para Stan Lee, se trataba de una forma de humanizar a los superhéroes, de acercarlos a sus lectores. Por este motivo, esta era no es únicamente la de la fuerte vinculación entre las dos grandes editoriales de cómics (DC y Marvel) debido al papel de los trajes y la identidad secreta, sino también la de la conexión entre los superhéroes y sus admiradores.

A lo largo de los años sesenta, Marvel fue ganándole terreno a DC, ya no solo por la aproximación de sus superhéroes a los lectores, sino también por el propio Stan Lee, considerado el creador del universo Marvel. Sin embargo, nadie podía asociar DC a un rostro, así que pronto se dieron cuenta del papel fundamental que jugaba una editorial para vender copias de cómics. A finales de esta década, las

---

10 Guionista y editor de cómics estadounidense en la editorial Marvel. Conocido por la creación de personajes como Hulk, Ironman o Spiderman.

11 Historietista estadounidense perteneciente a la editorial Marvel especializado en la creación de superhéroes.

editoriales dedicadas a los superhéroes abandonaron sus expectativas de crecer siguiendo la moda de creación de este tipo de personajes, por lo que únicamente quedaron DC y Marvel, finalmente conocidas como las dos grandes editoriales de superhéroes.

En su tesis doctoral, Serra introduce una extensa cita de Brancato sobre la hegemonía de la televisión a lo largo de los años sesenta que, en nuestra opinión, es relevante en este punto del recorrido que estamos llevando a cabo y está estrechamente relacionada con el contenido de este apartado:

> En aquellos años, la televisión se convierte en la piedra angular de todo el sistema de los medios, y obliga a los demás sectores productivos a reorganizarse para hacer frente a la crisis histórica de los lenguajes industriales [...] La adopción de la *continuity* –es decir, de una continuidad de tipo televisivo que une todos los episodios de una misma serie y, dentro de una lógica de *crossover*, una serie concreta a todas las otras del mismo universo superheroico– nos lleva a una concepción del cómic muy diferente de aquella, por ejemplo, de DC Comics. Si Superman y Batman «viven» un tiempo irreal, congelado, en el que cada episodio no parece tener efectos sobre toda la intriga temporal, parecida a una alucinación o a una proyección onírica, el tiempo de los personajes Marvel es «real», sigue las etapas de sus vidas privadas y refleja con fidelidad notable también las de los lectores. El Hombre Araña nace como estudiante de escuela superior y, con los años, aunque siguiendo una especie de *ralentie* respecto a los tiempos reales, deviene universitario, se licencia y hasta acaba casándose (1994: 101-102).[12]

1.6 ERA DE LA INDEPENDENCIA (1958-1978) A finales de los años sesenta y con la llegada de la década de los setenta, empezó a emerger un nuevo tipo de cómic: los llamados *underground comix*. No eran publicados por las grandes editoriales de esa época y estaban cargados de crítica política y social. El objetivo principal de estos cómics era hacer frente a los *mainstream* que imperaban en esta etapa, es decir, los cómics de superhéroes de DC y de Marvel. Trataban de ilustrar temas cotidianos que la gente solo podía ver en las noticias o en otros medios más específicos, temas como el sexo, la religión, la corrupción y la violencia física y verbal. Muchas de estas obras fueron consideradas como una «conscious rebellion» (rebelión consciente)

---

12 Traducción al español del original en italiano por Marcelo Serra.

(Duncan, 2009: 52) contra las políticas editoriales del momento y el modelo tradicional imperante, ya que su elemento más consistente eran los temas antiautoritarios.[13] No obstante, «el verdadero *underground comix* no se consagrará hasta la segunda mitad de la década, cuando Robert Crumb lance en San Francisco *Zap Comix*» (García, 2010: 142). Así, se irá definiendo paulatinamente una nueva forma de expresión dentro del cómic, rompiendo con la tradición de eras anteriores, en la que se incluyen nuevos temas, nuevos estilos de dibujo y nuevas críticas sociales. Así lo explica García:

> Lo nuevo que aportaba Crumb eran los temas de la generación *hippie*, el espíritu del momento encarnado por su personaje Mr. Natural, un sarcástico gurú que se convertiría rápidamente en icono. También, una libertad creativa que sorprendió al contrastar con la vieja tradición del dibujo y la narración del *comic book* de toda la vida (2010: 144).

1.7 ERA DE LA AMBICIÓN (1978-1986) A finales de los años setenta, los denominados *underground comix* experimentaron un notable declive en sus ventas y, por extensión, en sus creaciones, hecho que también tuvo una cierta influencia en los cómics más comerciales. Según García:

> El lento declive que habían sufrido las ventas de superhéroes desde principios de la década se había agravado en la segunda mitad de la misma. En 1978 se produjo la llamada «Implosión» de DC, en la que la principal empresa editorial cerró repentinamente decenas de colecciones, replegándose a una oferta mínima. El *comic book* parecía incapaz de competir en el quiosco y la vieja profecía del final de la industria amenaza con cumplirse finalmente (2010: 167).

Vilches confirma, para el *underground comix*, lo comentado anteriormente por García:

> El *underground* fue un movimiento heterogéneo que dio cabida a autores y obras de todo tipo y diversa calidad, y que fue fundamental para

---

13 Este aspecto no se dio únicamente en el ámbito del cómic, pues según recoge Juan José Martínez Sierra en su tesis doctoral (2004), las *sitcoms* de la década de los setenta se erigieron como un tipo de comedia dirigida, principalmente, a las clases trabajadoras, ya que «incorpora[n] en la historia problemas mucho más propios de dicho mundo» (Henry, 1994: 88-89).

entender todo el cómic adulto que vendría después. Pero llegó un momento en el que, quizás por su propia naturaleza caótica y espontánea, comenzó su declive, al perder la capacidad de sorpresa (2014: 114).

Por otra parte, durante la segunda mitad de los años ochenta surgirá una de las más prolíficas etapas de la historia del cómic, puesto que a lo largo de estos años (concretamente, a partir de 1986) aparecerán cómics que serán considerados como obras maestras de este género narrativo.

La primera de ellas es *Maus: A Survivor's Tale* (1986), de Art Spiegelman. Esta historieta narra las experiencias de un superviviente del Holocausto, si bien los personajes son animales: los nazis están representados como gatos y los judíos como ratones. Este nuevo concepto de cómic tuvo una gran repercusión en la sociedad estadounidense y, por extensión, en la población mundial, y ganó el Premio Pulitzer, convirtiéndose en el primer y único cómic en obtener este galardón hasta la fecha.

El segundo cómic de especial relevancia fue publicado por Frank Miller en 1986, *Batman: The Dark Knight Returns*. Esta reaparición de Batman trajo consigo un nuevo enfoque de este superhéroe, mucho más violento y salvaje que el de los años sesenta. Miller intentó dotar a esta historia de una atmósfera más tétrica y decadente en la que la violencia, los malos hábitos y la corrupción se fusionarán y darán paso a peligrosas misiones para el protagonista. Cabe destacar que este cómic se convertirá en un referente para la película de Tim Burton titulada *Batman* (1989).

La última de las historietas destacadas es la de *Watchmen*, publicada en 1986 por la editorial DC y creada por Allan Moore y Dave Gibbons. Esta novela gráfica es considerada como una de las historias más complejas de superhéroes, ya que sus protagonistas no se dedican a defender el *statu quo*, sino que más bien pretenden imponer aquello que consideran correcto sobre la sociedad, recurriendo, si es necesario, a acciones poco éticas.

Así, una de las características más importantes de este cómic sería el proceso de deconstrucción de los superhéroes tal y como los conocíamos con anterioridad. Batman será, en el caso que nos ocupa, uno de los ejes centrales de este libro, ya que es uno de los personajes que, en este sentido, más cambios ha sufrido a lo largo de los años. Creemos necesario, en este caso, reproducir una cita, algo extensa, pero de interés, de García sobre el fenómeno que supuso la aparición de las tres obras arriba mencionadas:

Al igual que *Watchmen*, *El regreso del Caballero Oscuro* era una historia completa y cerrada. Aunque estuviera protagonizada por un personaje habitual de la casa (al contrario que *Watchmen*, cuyos personajes eran versiones de otros preexistentes, pero distintos y autónomos), se situaba fuera de la continuidad oficial del mismo, lo que daba libertad a Miller para hacer lo que quisiera con la historia. Si tenía que morir el Joker, la némesis histórica de Batman, moría. Al fin y al cabo, los sucesos allí descritos no tendrían repercusión para el día a día de las colecciones de Batman en DC. Eso hizo que *Watchmen* y *Batman: el regreso del Caballero Oscuro* tuvieran un éxito inmediato en cuanto fueron recopilados en tomo. Los dos títulos, al igual que *Maus*, tuvieron una gran repercusión mediática. Para *Watchmen* y *El regreso del Caballero Oscuro*, la consecuencia de presentarse al público acompañados de *Maus* fue que se les considerase de inmediato «novelas gráficas» respetables. Para *Maus*, las consecuencias de presentarse al público acompañado de *Watchmen* y *El regreso del Caballero Oscuro* fue que se le homologase con dichos cómics y se diluyera su respetabilidad. [...] Fuera como fuese, *Maus*, acompañado de *Watchmen* y *Batman: El regreso del Caballero Oscuro*, provocó una fiebre por la novela gráfica y el cómic «adulto» a finales de los ochenta y principios de los noventa en las grandes editoriales de cómic (2010: 202).

Para concluir con esta era, destacamos la aparición de la editorial Dark Horse Comics a finales del año 1986. Esta nueva editorial llegó a ocupar el tercer puesto, por debajo de Marvel y DC, cuando se aseguró las licencias de propiedad de algunas de las películas más famosas de los tempranos setenta y ochenta como, por ejemplo, *Star Wars* (George Lucas, 1977), *Alien* (Ridley Scott, 1979) y *Predator* (John McTiernan, 1987), para publicar cómics relacionados con estas.

1.8 ERA DE LA REITERACIÓN (1986-ACTUALIDAD) Esta era, que comprende desde 1986 hasta nuestros días, está llena de nostalgia por los antiguos personajes e historietas de los años cuarenta, cincuenta y sesenta. Los superhéroes siguen siendo el género estrella de las publicaciones y muchas de estas historias harán recordar al lector épocas pasadas. La idea principal de esta vuelta al pasado es la de no perder la esencia ni la vitalidad de los superhéroes de antaño, los cuales han ido evolucionando constantemente. Sobre los años finales de los ochenta, Vilches comenta lo siguiente:

El cómic comercial estadounidense vivía una época de cambios profundos, tanto a nivel creativo como empresarial. La edad media de los lectores de Marvel y DC, que ya había ido creciendo durante los setenta, sigue aumentando, mientras que las ventas descienden. Los cómics, poco a poco, van dejando de ser un entretenimiento barato y casi universal entre los niños estadounidenses, al perder la batalla contra el cine, la televisión y los recién nacidos videojuegos. El mercado se va empequeñeciendo y se agarra, cada vez más, a un grupo de aficionados activos, coleccionistas acérrimos que compran un gran número de series al mes (2014: 175).

En 1989, Stan Lee creó una nueva versión del Capitán América. De manera similar, la editorial DC introdujo una nueva reinterpretación de Batman y Wonder Woman. A partir de ese momento, el lector encontrará superhéroes renovados, con mejores escenarios, vestidos y apariencias, pero con la misma esencia que poseían cuando fueron creados.

Además, la llegada de las tres obras comentadas en el apartado anterior, *Maus: A Survivor's Tale* (Spiegelman, 1986), *Watchmen* (Moore, 1986) y *Batman: El regreso del Caballero Oscuro* (Miller, 1989), tuvo una marcada repercusión en la creación de historias posteriores, como asegura Vilches:

> El impacto de Frank Miller y Alan Moore en el mercado del *comic-book* fue enorme, hasta el punto de que no es exagerado decir que lo cambiaron de forma decisiva. Tras sus trabajos, decenas de autores se lanzaron a replicar los aspectos más imitables y superficiales de los mismos: la violencia y el tono oscuro y pesimista de sus relatos. Lo hacen con suerte dispar, como es lógico: no todos entienden la verdadera naturaleza de obras como *The Dark Knight Returns* o *Watchmen* o tienen la calidad necesaria para seguir su senda. Además, el asentamiento del mercado de venta directa y el éxito de los formatos de lujo llevó a ambas editoriales a lanzar toda una batería de títulos que buscaban responder a lo que el público adulto que había disfrutado con *Watchmen* o *The Dark Knight* demandaba (2014: 215).

Por otra parte, es precisamente en esta época cuando aparecerán los competidores a escala mundial de los cómics de superhéroes: los mangas japoneses.[14] Un punto de inflexión en este periodo es la

---

14 Para más información sobre el manga japonés, destacamos, entre otras, la lectura de *Manga, Manga! The World of Japanese Comic* (Schodt, 1983) y *Manga: el cuadro flotante de la viñeta japonesa* (Santiago, 2010).

❂

traducción y publicación del cómic japonés *Akira* (Otomo, 1988) en Estados Unidos, gracias al cual miles de personas empezarán a interesarse por ese nuevo tipo de historieta.

Por último, con la llegada del nuevo siglo, las principales editoriales de cómic estadounidenses parecen haber comprendido que los años en los que sus *comic books* eran éxitos comerciales no volverán, aunque siguen manteniendo un buen nivel de ventas,[15] debido, en parte, a la adaptación a la gran pantalla de algunas de sus historias principales. Como afirma Vilches:

> El nuevo siglo supuso para Marvel y DC mucho más que un simple cambio de fecha. Tras los tormentosos noventa, ambas se disponen a afrontar una nueva época, en la que se asume que el cómic de superhéroes ha dejado de ser un entretenimiento infantil y popular, y que las ventas, por tanto, jamás recuperarán las cifras del pasado. La recesión del mercado al menos se estabiliza, y las adaptaciones cinematográficas de los personajes, que viven una auténtica edad de oro, garantizan la viabilidad de las franquicias (2014: 251).

2
Historia de DC

A continuación, vamos a repasar cómo se creó la editorial DC, su evolución y su impacto en el mundo de los cómics. Hemos considerado oportuno describir el origen de la editorial que alumbró a los dos personajes en los que se centra el presente análisis, Batman y Superman, pues la evolución de ambos está estrechamente relacionada con el desarrollo de la propia editorial y con los personajes que irán apareciendo.[16] Para ello, nos hemos basado en la información ofrecida en el volumen titulado *DC Comics. Crónica visual definitiva* (VV. AA., 2014).

---

15 Álvarez comenta que «si en 1994 las ventas de cómics [...] suponían más de 600 millones de dólares y el total podía acariciar los mil millones, en el 2000 esta cifra cae hasta un tercio en librerías y quioscos y la mitad en tiendas especializadas» (2019: en línea).

16 Aunque en esta obra nos limitamos a analizar las figuras y los espacios de estos dos superhéroes por limitaciones de extensión, podemos observar cómo aparecen y se incorporan, de forma recurrente, nuevos personajes a dichas historias.

La compañía DC fue creada en 1934 con el nombre National Allied Publications por Malcom Wheeler-Nicholson, un empresario norteamericano que empezó publicando *pulps*. En 1935 apareció la primera publicación reconocida como *comic book*, con las mismas características que los cómics que conocemos en la actualidad. En 1937, y ya con el cambio de nombre de la editorial, Jack S. Liebowitz se incorporó a la ya establecida DC y, un año más tarde, se lanzó la serie *Action Comics*, con la presentación de Superman como personaje principal. Este protagonista, creado por Jerry Siegel y Joe Shuster,[17] como ya hemos comentado, contaba con poderes sobrehumanos y encarnaba los valores de la justicia y la esperanza. La portada de este cómic tuvo tanto éxito que se llegó al millón de copias vendidas, y se clasificaron este tipo de historias dentro de un nuevo género de cómic: el de superhéroes. Como también se ha explicado ya, tras un año de grandes beneficios para la editorial, en 1939 Bob Kane y Bill Finger[18] crean a Batman, un superhéroe basado en la estética de Superman, pero sin superpoder alguno. De esta forma, se representa a la sociedad estadounidense del momento gracias a estos dos personajes: Batman, *alter ego* de Bruce Wayne, un filántropo multimillonario, y Superman, *alter ego* de Clark Kent, granjero en el estado de Kansas y después periodista en Metrópolis. DC lanzó esta estrategia y funcionó, pues la sociedad estadounidense se vio reflejada en alguno (o en ambos) de estos personajes, y este factor fue decisivo para continuar con el éxito de ventas.

Tras el éxito de Batman y Superman, en 1940 proliferarán una gran cantidad de cómics cuyas portadas presentan a cientos de superhéroes disfrazados o enmascarados. Por otra parte, también se multiplicaron los *sidekicks*[19] junto a los superhéroes protagonistas, de forma que los niños y el público más joven en general pudieran verse reflejados en aquellas historias. Finalmente, otra de las principales repercusiones

---

17 Creadores de Superman. Jerry Siegel fue el escritor de las historias de este personaje y Joe Shuster el artista que lo dibujó.

18 Creadores de Batman. Bob Kane fue el encargado de escribir las historias de Batman y Bill Finger se ocupó del dibujo.

19 Este anglicismo, principalmente utilizado en los cómics de superhéroes y en las novelas de acción y aventuras, se refiere al compañero del personaje principal, comúnmente el protagonista de una serie de cómics. Ambos comparten aventuras y algunos de ellos han llegado a tener historias propias. Algunos de los *sidekicks* más conocidos, en diversos ámbitos, son Robin (Batman), Watson (Sherlock Holmes) y Sancho Panza (Don Quijote).

que estos superhéroes tuvieron en la sociedad fue la creación de un serial radiofónico de Superman en la emisora neoyorquina WOR, titulado *The Adventures of Superman*, en 1940, y que pervivió hasta superar los 2.000 episodios. Como consecuencia, se utilizaron estas historias surgidas de la radio para desarrollar dibujos animados en acción de este personaje, producidos por Max Fleischer Studios.[20]

Como ya vimos en el apartado dedicado a la historia global del cómic, cinco años más tarde, tras el final de la Segunda Guerra Mundial, las ventas de cómics cayeron en picado y únicamente se mantuvieron las series de los cómics de Superman, Batman y Wonder Woman en DC. La falta de papel, la depauperada coyuntura económica tras la guerra y la asociación de los superhéroes con el frente de batalla fueron algunos de los motivos que llevaron a los cómics de superhéroes a la primera crisis en su corta existencia. Este declive duró hasta principios de los años cincuenta, cuando los cómics de Superman y Batman mostraban a personajes que formaban parte del sistema de la época, siendo Superman el claro ejemplo del hombre que vuelve de luchar en una cruenta guerra y busca, en Estados Unidos, un lugar de descanso. En 1952, George Reeves protagonizará la primera serie de Superman para televisión, que perdurará hasta 1959 y que servirá como resurgimiento de los cómics del género de superhéroes. No obstante, en 1954 este medio afrontará una segunda y más acusada crisis tras la creación de The Comics Code Authority, con una caída en las ventas de superhéroes del 75 %. Las duras imposiciones de este código, como ya se ha comentado en el apartado dedicado a la historia del cómic, provocaron que muchas editoriales dejaran de publicar historias con referencias a temas como las drogas, la violencia explícita o el sexo y que, por tanto, únicamente les quedaran dos opciones: suavizar los temas que se publicaban en sus historias o cerrar el negocio tras comprobar que no alcanzarían los estándares propuestos por este nuevo código. Por consiguiente, esta etapa de los años cincuenta se considera como una de las más difíciles para este medio de expresión artística.

Un nuevo ciclo se inicia en DC a principios de los años sesenta. En él destacan dos hitos importantes: el primero de ellos, la creación de la

---

20 Estudio de animación estadounidense considerado el principal competidor de Walt Disney Productions. Produjo las series de animación *Superman*, *Popeye* y *Betty Boop*, entre otros títulos.

Liga de la Justicia[21] en 1960, que dará pie a la evolución temática de los principales personajes de la editorial, Superman y Batman entre otros muchos; el segundo, la aparición de la serie televisiva *Batman* en 1966,[22] la segunda adaptación de un cómic de superhéroes. Tras la proyección de esta serie, las ventas de cómics de este personaje aumentaron de forma considerable y un hecho destacable será la aparición de la *batmanía*,[23] un movimiento pionero creado por los admiradores de Batman.

Tras el éxito de recaudación de la serie televisiva *Batman*, en la década de los setenta se estancarán las ventas de la editorial DC; si bien no descendieron, tampoco aumentaron de forma notable. Uno de los principales hitos tuvo lugar en enero de 1978, cuando se estrenó la película basada en el personaje de Superman, titulada homónimamente *Superman*[24] y reconocida como el primer largometraje basado en un superhéroe. De esta manera, a mediados de los años ochenta, DC impulsó las ventas de sus cómics encargando sus historias a creadores y artistas de renombre, como Frank Miller, David Gibbons o Allan Moore. Destacamos en este apartado, como ya hemos hecho en el dedicado a la historia del cómic, al primero de ellos, el artista que abordó un nuevo concepto de Batman y que en 1986 creó *Batman: El regreso del Caballero Oscuro*, obra que dotó a este personaje de las características que hasta hoy siguen poniendo de relieve el tono oscuro del superhéroe. Esta obra fue la inspiración, como ya hemos abordado anteriormente, para la película *Batman* de Tim Burton en 1989. Esta primera película sobre Batman, producida por el propio Burton, tuvo como consecuencia directa el aumento de las ventas de cómics de este personaje y, a su vez, inspiró la serie animada *Batman*. En esta misma década llega una de las principales

21 Con su aparición en la serie de cómics *The Brave and the Bold* 28, la Liga de la Justicia fue creada con el propósito de recuperar el éxito que los principales superhéroes de DC habían tenido durante la década de los cuarenta. Originalmente estaba formada por Superman, Batman, Wonder Woman, Aquaman, Flash, Green Lantern y el Detective Marciano. Con el paso del tiempo, otros personajes del Universo DC se unieron a la causa.

22 Serie de televisión estadounidense emitida en la ABC entre los años 1966 y 1968 durante tres temporadas y con un total de 120 episodios.

23 En esta página web se describe con detalle el surgimiento de este movimiento desde sus orígenes: <http://twomorrows.com/comicbookartist/articles/03batmania.html>.

24 Protagonizada por Christopher Reeve y dirigida por Richard Donner.

obras de Allan Moore, la antes mencionada *Watchmen* (1986), reflejo de una sociedad distópica y de crítica a la Gran Bretaña reaccionaria de Margaret Thatcher, que tuvo su posterior adaptación a la gran pantalla en 2009, así como la reconocida obra maestra de Neil Gaiman, la serie de cómics *Sandman* (1988-1996). Esta última superó en ventas a las historias de Superman y su principal función fue la de atraer a un nuevo tipo de público, generalmente más adulto y más crítico con la sociedad contemporánea.[25]

No obstante, cabe destacar la aparición de uno de los productos de DC más polémicos, pues se trataba de un borrón y cuenta nueva respecto a las series más importantes de dicha editorial. Vilches lo explica de esta manera:

> *Crisis on Infinite Earths* (*Crisis en las tierras infinitas*), que apareció en 1985 con el objetivo de ser un nuevo punto de partida sencillo, para que pudieran engancharse nuevos lectores, y también para que a los autores les resultara más fácil su trabajo. La serie de doce números es un desfile interminable de todos los personajes de DC, algunos de los cuales mueren durante la aventura, como el primer Flash o Super Girl. A partir de la Crisis, el universo DC se reordena y parte de cero contando con reputados autores que tienen como misión establecer nuevos orígenes y trasfondos para los superhéroes (2014: 179).

En su tesis doctoral, Serra enumera y describe de forma sucinta las diferentes Tierras existentes en *Crisis en las tierras infinitas*, las cuales nos aportan información sobre qué personajes y qué tipos de historias podremos encontrar en cada una de ellas y que son relevantes para nuestra investigación, pues sirven de antesala de la publicación *Los Nuevos 52*, que analizamos con mayor detalle más adelante, en este mismo apartado:

- Earth-One: la tierra principal, donde vivían los personajes de la Edad de Plata;

---

25 Como explica Parker, «the book takes in high fantasy, low fantasy, sci-fi, modern horror, baroque horror, romances, road stories, revenge stories, the myths and fables of several cultures, and it does so with more stylistic flair, depth of reference, and homages than the average grad student can decipher» (el libro recoge alta fantasía, baja fantasía, ciencia ficción, terror moderno, terror barroco, romance, historias de carretera, historias de venganza, los mitos y fábulas de diferentes culturas y lo hace con un mayor estilo, profundidad, referencia y homenajes de lo que la mayoría de los estudiantes pueden descifrar) (2015).

- Earth-Two: el mundo de los personajes de la Edad de Oro;
- Earth-Three: un «mundo al revés», hogar de las versiones malvadas de los héroes de la Earth-One;
- Earth-Four: hogar de los personajes de la Charlton Comics, comprados por DC y entre los que destacan Blue Beetle, Capitan Atom, Nightshade, Question, Pacemaker, Thunderbolt, etc.;
- Earth-S: hogar de los personajes de Fawcett Comics, como Shazam y la Familia Marvel;
- Earth-X: mundo adoptivo de gran parte de los personajes de Quality Comics, donde los nazis han ganado la Segunda Guerra Mundial;
- Earth-Prime: tierra donde los superhéroes existen solo en los cómics, aunque en una historia poco antes de la Crisis (2011: 161-162).

A partir de la década de los noventa, el número de cómics vendidos por DC crece exponencialmente y, como consecuencia, se crea el sello Vertigo en 1993, como medida para diferenciar el tipo de historias publicadas. De esta forma, los cómics de Vertigo están principalmente dirigidos a lectores más adultos, pues los temas que presentan se basan en el terror, la ciencia ficción, el suspense y el crimen. Algunos de sus títulos más reconocidos son *V de Vendetta* (Allan Moore, 1982), *Hellblazer* (Allan Moore, 1985) o *Animal Man* (Grant Morrison, 1965). Destacamos también en esta época el cómic creado por Dan Jurgens *La muerte de Superman* (1992), el cual tuvo tanta repercusión mediática que se convirtió en un éxito de ventas. Actualmente, como comenta Losada (2019), es uno de los cómics más vendidos de la historia del género de superhéroes, junto con la serie regular *X-Men* y el primer número de la serie protagonizada por Spiderman.

Desde esta época hasta la actualidad, tanto las historias como los personajes de DC han ido cambiando y evolucionando de forma ciertamente dinámica, principalmente todos aquellos aspectos referidos a Superman, Batman y Wonder Woman, por lo que el número de publicaciones sobre estos y otros muchos personajes ha aumentado de forma notable. Debido al gran número de series regulares e irregulares, es decir, aquellas que tienen una continuidad y aquellas que tienen una periodicidad irregular, respectivamente, desde los inicios de esta editorial, en 2011 se tomó la decisión de unificar todas las historias en un producto que llevaría el nombre de *Los Nuevos 52*. El nombre surgió a partir de la idea de reiniciar las 52 series de cómics más populares de DC, *Action Comics* y *Detective Comics* entre otras, por lo que también hubo algunas que fueron directamente eliminadas debido a su escaso número de ventas. La finalidad era facilitar a los lectores el consumo de los cómics, creando así una especie de *multiverso*, al igual que sucede con Marvel, en el que todas las historias de los personajes estuvieran interrelacionadas. No obstante, este difícil proceso de unificación provocará que muchos lectores abandonen la continuidad de las series y, como consecuencia, en 2016 DC anuncia un nuevo producto: en esta ocasión, *DC Renacimiento*, un intento de volver a los orígenes de los personajes tratando de cambiar los mínimos detalles posibles.[26] Como afirma Serra:

> Los personajes de DC son más fijos [...] Así, en este universo son muy importantes las historias de los orígenes, contadas con mucha frecuencia y de manera diferente, pero siempre evidenciando las características fundamentales de los héroes, las marcas semánticas que hacen que sean lo que son y lo que siempre serán (2011: 143).

Esta nueva fórmula parece funcionar, pues recoge la esencia primera de los personajes que aparecieron durante los inicios de DC y se nutre de todos los medios que los han representado (cine, animación, videojuegos...), por lo que estas nuevas ediciones son consideradas como las más completas; a su vez, han servido de inspiración para posteriores adaptaciones al cine, como las películas *Wonder Woman* (Patty Jenkins, 2017) y *La Liga de la Justicia* (Joss Whedon, 2017).

3
Historia de Superman y Batman

En este último apartado de este capítulo aportaremos sucintamente datos referidos a la creación y la historia de los personajes seleccionados para la realización del presente libro: Superman y Batman.

---

26   «'Rebirth is about focusing on the core of the character and their respective universe', says writer and DC Entertainment Chief Creative Officer Geoff Johns'. 'It brings back what has been lost: the legacy of the characters, the love and the hope of the DCU!'» (Renacimiento se centra en el núcleo del personaje y su respectivo universo –dice el escritor y jefe de diseño de DC Enterntainment Geoff Johns–. Trae de vuelta lo que se ha perdido: ¡el legado de los personajes, el amor y la esperanza del DCU!) (DC Comics, 2016: en línea).

Trataremos de abordar tanto las causas como las consecuencias de la aparición de ambos superhéroes y qué repercusión han tenido en la sociedad norteamericana y, por extensión, mundial, así como en los medios de comunicación de masas. Para ello, hemos extraído directamente la información reflejada en los artículos publicados por Francisco San Rafael en la colección de novelas gráficas de Batman y Superman de Salvat referidos a *Superman* (2017) y de la enciclopedia *Batman: La historia visual* (2015).

3.1 BREVE HISTORIA DE SUPERMAN

Como ya se ha mencionado, la primera aparición de Superman se remonta a 1938, año en el que Vin Sullivan, editor de DC, decidió publicar las historias de un nuevo personaje creado por Jerry Siegel y Joe Shuster. Uno de los principales motivos por los que se publicaron las aventuras de Superman en el primer número de la serie *Action Comics* fue el hecho de que este personaje era completamente diferente a todos sus predecesores, por lo que Sullivan no dudó en llevarlo a las páginas en papel. Este superhéroe vestía con unas ajustadas mallas y tenía, entre otros, el poder de la superfuerza; además, en palabras de Fran San Rafael, traductor de ECC Ediciones, en su introducción de *Superman: Hijo Rojo* (Millar, 2017), «ocultaba su auténtico yo con una identidad secreta que respondía al nombre de Clark Kent, un apocado periodista cuya personalidad contrastaba con la de su *alter ego* y que bebía los vientos por una compañera de trabajo un poco borde que se llamaba Lois Lane». Como comenta Moix:

> Como tantos otros héroes de este tipo de cómics, el lector encuentra en su transformación la idealización de sí mismo a que tiende toda aventura preestablecida según estas bases; al mismo tiempo la sociedad regida por la clase media –para la que Superman se erige en un símbolo de su vitalidad económica– exigirá de aquel individuo medio que, en determinado momento, sea Superman (2007: 287).

Tras el éxito de ventas que supuso la aparición de este superhéroe, en 1939 Superman obtuvo una serie de cómics propia que llevaría su mismo nombre y en la que se ofrecerían más detalles sobre sus orígenes, entre ellos, la historia del planeta Krypton y la de sus padres biológicos en él. Como ya hemos mencionado, su relevancia en el medio del cómic aumentó de tal forma que en 1940 se adaptó al serial radiofónico con el título de *The Adventures of Superman*; esta sería, por tanto, la primera adaptación de un superhéroe a un medio ajeno a los cómics. Como dato curioso, fue en este serial donde apareció por primera vez la frase «¿Es un pájaro? ¿Es un avión? ¡No, es Superman!». Esta adaptación perduró hasta 1951 y, como consecuencia de su éxito, tal y como hemos anotado anteriormente, entre 1941 y 1943 se creó un serial animado titulado *Superman*. Como comenta Fran San Rafael en la introducción de *All Star: Superman* (Morrison, 2017), la distribuidora «Paramount encargó a Fleischer Studios una adaptación visual de las aventuras de Superman que, además, contaría con un presupuesto muy elevado de unos 50.000 dólares por episodio». De esta serie animada se propagó a los cómics la capacidad de volar de este superhéroe, poder que se ha mantenido hasta nuestros días.

Superman seguía siendo la estrella de DC en la década de los años cincuenta, y un hecho que se debe resaltar es su salto al cine con la película *Superman and the Mole Men* (1951), protagonizada por George Reeves. Este film tuvo tanto éxito que, a partir de su argumento, se realizó una serie televisiva sobre Superman titulada *Adventures of Superman*, aunque fue cancelada en 1958. Tras años de nuevas aventuras e historias de este personaje en los cómics, San Rafael comenta en la introducción de *Superman desencadenado* (Snyder, 2017: 5) que «había llegado el momento de que el Hombre de Acero diera el salto a la gran pantalla contemporánea con un largometraje épico que estuviera a la altura de su leyenda y que lo convirtiera, aún más si cabe, en icono pop reconocido en el mundo entero», y así fue como en 1978 se estrenó la película *Superman*. Como ya vimos en la parte dedicada a la historia de DC, para esta película, dirigida por Richard Donner, se optó por darle el papel protagonista a Christopher Reeve, que se convirtió en el icono de toda una generación. Además, dicho film es considerado como la primera película de este superhéroe perteneciente al género de superhéroes, puesto que la idea de reconocer este género emergente todavía no se estaba gestando cuando apareció *Superman and the Mole Men* (1951). Por otra parte, *Superman* (Donner, 1978) marcó un principio en el ahora conocido género cinematográfico de superhéroes y, tras cosechar un éxito indiscutible (tuvo una recaudación de, aproximadamente, 300 millones de dólares), se produjeron otras tres películas: *Superman II* (Richard Doner, 1981), *Superman III* (Richard Lester, 1983) y *Superman IV* (Sidney J. Furie, 1987), siempre con Christopher Reeve como Superman.

El éxito cosechado por las películas de Superman, especialmente por las dos primeras, se vio reflejado también en las historias de este personaje, lo que permitió la creación de nuevas aventuras y tramas de la mano de importantes autores y dibujantes como Alan Moore, John Byrne, Carmine Infantino y Curt Swan. Entre estas historias de cómic destacamos *¿Qué le pasó al hombre del mañana?* (Moore, 1986), *Superman: el hombre de acero* (Byrne, 1986) y *La muerte de Superman* (Jurgens, 1992).

En 2006 se filmó una nueva película de este superhéroe, *Superman Returns*, esta vez con Brandon Routh como protagonista y dirigida por Bryan Singer. Esta producción nació como medida para hacer resurgir la figura de Superman, pues sus dos últimas películas (*Superman III* y *Superman IV*) no habían tenido el éxito esperado. Por este motivo, este título es considerado como una secuela de *Superman II*.

Finalmente, la intención de DC de expandir su universo de los cómics también se reflejó en la gran pantalla, y de este hecho surgió el film *El hombre de acero* (2013), protagonizada por Henry Cavill y dirigida por Zack Snyder. Esta película hizo que Superman resurgiera como auténtica estrella de DC, ya que Batman parecía estar en la cumbre gracias a las películas de Christopher Nolan. Como consecuencia, DC decidió unir a estos dos superhéroes en un mismo filme y, en marzo de 2016, apareció *Batman vs. Superman: el amanecer de la justicia*, con Henry Cavill y Ben Affleck como actores principales (Superman y Batman, respectivamente) y dirigida por Zack Snyder. Este esplendor del personaje también se vio reflejado en los cómics, pues se crearon historias tan populares y exitosas como *Superman: identidad secreta* (Busiek, 2004), *Superman y Batman: los mejores del mundo* (Waid, 2016) y *Superman: Lois y Clark - La llegada* (Jurgens, 2017). Así, fue tal el éxito de los personajes de DC tanto en ámbito del cómic como en el del cine que, en 2017, Zack Snyder produjo la película *La Liga de la Justicia*, protagonizada por los superhéroes más relevantes de dicha editorial, como Batman, Superman, Wonder Woman, Green Latern y Aquaman.

3.2 BREVE HISTORIA DE BATMAN Tras el rotundo éxito de Superman en 1938, el guionista Bob Kane y el dibujante Bill Finger se unieron para crear un personaje que «complementaría perfectamente al Hombre de Acero» (Hernando, 2014: 45). De esta forma, Batman aparecía por primera vez en mayo de 1939 en *Detective Comics* 27, aunque ya fue anunciado en *Action Comics* 12, creando así una gran expectación entre los lectores habituales. La primera historia de Batman se tituló *El caso del sindicato químico*, y en ella se nos muestra, ya al final, la doble personalidad de este personaje. Sin embargo, no sería hasta *Detective Comics* 33 cuando se forjaría el origen de Bruce Wayne, *alter ego* de Batman, y la trágica historia de sus padres, asesinados en un atraco tras salir del teatro. Tras esta repentina pérdida, el joven Bruce Wayne se decide a librar su propia batalla contra el crimen en la ciudad imaginaria de Gotham y, tras cruzarse un murciélago por la ventana, opta por crear un disfraz basado en dicho animal, un disfraz que cree temor entre los malhechores a los que este superhéroe está dispuesto a dar caza. Las ventas de los cómics funcionaban y Bob Kane contrató a Jerry Robinson para seguir creando historias de este personaje; este último dibujante fue quien concibió a Robin, el Chico Maravilla, que debutó en *Detective Comics* 38, en 1940. La década de los cuarenta vio nacer a algunos de los villanos más famosos de Batman, entre ellos Joker, Pingüino, Catwoman o Enigma, y, además, a un personaje clave en la continuidad de las historias de este personaje: su mayordomo, Alfred Pennyworth.

Cabe destacar el tono militar que adoptaron las historias de Batman a partir de 1942, tras el ataque a Pearl Harbor en 1941; de esta forma, en muchas de las portadas de dicho personaje aparecían militares y armas de guerra. Batman fue incrementando su notoria influencia entre los lectores de cómics y este hecho se vio reflejado en la aparición del primer serial de televisión de un superhéroe animado, en 1943, llamado *Batman: la serie animada*. Ya en la década de los años cincuenta, tal y como se ha mencionado anteriormente, el género de superhéroes decaía y tuvieron que surgir nuevas ideas y temas. En el caso de Batman se mezclaron los temas del wéstern con su primera esencia detectivesca y la ciencia ficción. Toda esta evolución en las historias de Batman tuvo sus frutos en la década de los sesenta, en la que los cómics de este protagonista comenzaron a presentar, de nuevo, el lado más detectivesco de dicho superhéroe. Se dio un notable cambio en el emblema de Batman, al que Carmine Infantino añadió un óvalo amarillo para destacar la oscura figura del murciélago. A su vez, en 1966 apareció la primera serie televisiva de Batman con actores reales, protagonizada por Adam West y Burt Ward. Este factor fue decisivo en el incremento de la popularidad de Batman y, como consecuencia de ello, se rodó en ese mismo año la primera película de este superhéroe, *Batman* (Leslie H. Martinson, 1966), basada en la serie homónima.

Como ya se ha comentado, la década de los setenta trajo consigo una renovación de las historias de Batman; se recuperó el aspecto más realista del superhéroe dotándolo de una apariencia más oscura y siniestra. Destacamos en este punto las ilustraciones de Neal Adams, uno de los pioneros en aportar a Batman el toque oscuro que, a partir de ese momento, le caracterizaría, junto con Frank Robbins, guionista encargado de devolver a este personaje a sus raíces de justiciero nocturno. La gran mayoría de las historias de esta década están relacionadas con crímenes y robos, por lo que se van dejando de lado las tramas de ciencia ficción que le habían caracterizado. De esta forma, la década de los ochenta supuso una transformación total del personaje.

Si bien en los años setenta Batman recuperó su origen más detectivesco, en los ochenta se estableció como un personaje lúgubre y obsesivo; es decir, se convirtió en el Caballero Oscuro de Gotham. Tal y como se ha explicado en el apartado dedicado a la historia de DC, es conveniente resaltar, nuevamente, dos fechas importantes a lo largo de esta década. La primera de ellas es 1986, con la creación de la historia de cómic *Batman: el regreso del Caballero Oscuro*. En esta nueva aventura, creada por Frank Miller, se nos presenta a un Bruce Wayne a sus cincuenta años decidido a enfundarse por última vez su traje de Batman para intentar salvar a Gotham de la miseria y la decadencia que la gobiernan. En esta ocasión, además, Batman se enfrentará a tres grandes personajes siempre ligados a la historia de este superhéroe: Dos Caras, Joker y, como contrapunto, Superman. A partir de la creación de la obra mencionada se implanta el tono más oscuro de este personaje, que servirá de precedente para las próximas historias de Batman. La siguiente fecha es 1989, con el estreno de *Batman*, la segunda película sobre este superhéroe, tras el éxito alcanzado por la serie homónima en 1966. Su director, Tim Burton, contó con Michael Keaton como Batman y Jack Nicholson como el Joker, lo que no solo incrementó las ventas de cómics de Batman, sino también la de productos de *merchandising*, principalmente camisetas con el emblema de este superhéroe. Como comenta Moix:

> El público, cuya reacción ante el caso de Batman ha sido delirante en estos últimos tiempos, ha continuado exigiendo un mínimo de realismo. Este mínimo, que se basa en una necesidad de cotidianidad, es lo que convierte a Batman en un punto de transición. Entre el irracionalismo de Flash Gordon y el de Superman, la clase media ha establecido esta tercera forma, cuyo signo sería una revisión, a todas luces moderna y original, de la utopía (2007: 300).

A lo largo de la década de los noventa, las historias de Batman se asentaron sobre sólidas bases temáticas que dieron lugar a notables arcos argumentales y *crossovers*[27] con algunos personajes de DC. Además, a partir del indudable éxito de la película *Batman*, de Tim Burton, se produjeron otras tres películas de este personaje a lo largo de esa década: *Batman Returns* (Tim Burton, 1992), interpretada por Michael Keaton; *Batman Forever* (Joel Schumacher, 1995), con Val Kilmer en el papel del superhéroe, y *Batman & Robin* (Joel Schumacher, 1997), con George Clooney dando vida al hombre murciélago.

Finalmente, desde principios de este siglo hasta la actualidad, Batman ha gozado de buenas recaudaciones, tanto en cómic como en la gran pantalla. Un notable factor fue la producción de la trilogía creada por Christopher Nolan, con Christian Bale en el papel del hombre murciélago, que incluía *Batman Begins* (2005), *El caballero oscuro* (2008) y *El caballero oscuro: la leyenda renace* (2012). En relación con el cómic, son notables las historias de *Silencio* (Loeb, 2002), *Batman: R.I.P.* (Morrison, 2008) y *Batman: el tribunal de los búhos* (Snyder, 2011). En esta última etapa destacamos *Los Nuevos 52*, ya mencionado en el apartado relativo a la historia de DC, donde Batman gozó de nuevos relatos que incluían cambios significativos en sus historias e incluso en el propio personaje, como podemos observar en *Batman: Año Cero* (2013), una revisión del origen de este superhéroe por primera vez desde la creación del cómic de *Batman: Año Uno* en 1987. Como última etapa, que engloba desde el año 2016 hasta la actualidad, el relanzamiento de las nuevas historias de DC a través del evento de *Renacimiento*[28] otorgó a Batman nuevas series como protagonista o personaje principal, entre las que encontramos las series de cómics regulares de Batman *Detective Comics*, *All Star Batman* y *Justice League*. Por último, destacamos el estreno de *The Batman* (Matt Reeves, 2022), la película más actual de este superhéroe y que supone una vuelta al estilo *noir* y detectivesco del personaje.

---

27 Los *crossovers*, como explican Guerrero-Pico y Scolari, son «un formato donde, a grandes rasgos, se cruzan dos o más referentes culturales en una misma pieza» (2016: 184). En el caso que nos ocupa, un *crossover* tiene lugar cuando aparecen dos o más superhéroes en una misma historia.

28 Se trata de una nueva etapa en la que las historias de los principales personajes se revisan en un intento de unir los valores tradicionales de los clásicos de DC con una nueva estética creada por reconocidos guionistas y dibujantes del mundo del cómic, tales como Geoff Johns, John Romita Jr., Javier Fernández y Jorge Giménez (ECCComics, 2018: en línea).

Teorías de la adaptación del cómic al cine

Una vez descritas la historia del cómic, la de la editorial DC y la de los dos personajes que van a conformar nuestro objeto de estudio, pasamos a detallar los procesos de adaptación del cómic a la gran pantalla. En este capítulo realizaremos, en primer lugar, un breve recorrido por la consolidación del género del cine de superhéroes de acción real.[1] A continuación, abordaremos el proceso de adaptación entre ambos medios de comunicación de masas (cómic y cine), como los denominan autores como Eco (1984) o Hernández-Santaolalla (2018) y, después, nos centraremos en presentar las principales editoriales de DC en España y en otros países, así como las productoras de cine de superhéroes más importantes.

Creemos relevante agrupar en este mismo capítulo editoriales de cómic y productoras de cine, pues nos parece adecuado aportar algunos datos, por una parte, sobre las principales editoriales de los países con mayor tradición de cómic, una vez analizado el papel de Estados Unidos en el capítulo 1, y, por otra parte, sobre las mayores productoras de cine encargadas de trasladar a la gran pantalla diferentes historias de superhéroes originalmente creadas en el cómic.

1
El cine de superhéroes

En este apartado estudiaremos los aspectos más relevantes del cine de superhéroes de acción real teniendo en cuenta su origen, algunas de sus características y su relación con el medio del que derivan: el

---

1 Las películas de acción real están protagonizadas por actores reales, de carne y hueso. Se distinguen así de las animadas.

cómic de superhéroes. Así, para extraer los datos que creemos necesario aportar en el presente libro, se ha tenido en cuenta como principal fuente de información la obra de Brown *The Modern Superhero in Film and Television* (2017).

Hemos considerado conveniente dividir la información obtenida de la citada obra en tres subapartados. El primero de ellos se centra en las primeras películas de superhéroes y en la formación y consolidación del género conocido como cine de superhéroes. El segundo presta atención a las principales características de este tipo de género cinematográfico. Por último, el tercero se basa en reflexiones derivadas de la diferenciación entre el cine de superhéroes masculinos y el de superhéroes femeninos.

1.1 CONSOLIDACIÓN Y ORIGEN DEL GÉNERO Las primeras producciones audiovisuales de acción real protagonizadas por superhéroes llegaron al público a través de seriales para televisión en los que los protagonistas vivían aventuras y ayudaban a la gente corriente a solucionar ciertos problemas. Ejemplos de estas producciones los encontramos en series como *Captain Marvel* (John English, 1941), *Batman* (Lambert Hillyer, 1943) y *Captain America* (Elmer Clifton, 1944). No obstante, tuvieron una escasa repercusión en el público y, hasta la llegada de *Superman* (Richard Donner, 1978) y *Batman* (Tim Burton, 1989), no se empezaría a hablar de estas producciones como pertenecientes al género de superhéroes. El éxito de *Superman* en 1978 demostró la gran popularidad que podía tener una película de superhéroes de acción real y, a su vez, obtuvo una notable recaudación no solo a partir del propio film, sino también de todo el *merchandising* relacionado con él. Después, el estreno de *Batman* (Tim Burton) en 1989 descubrió el enorme impacto que una promoción *cross-media*, es decir, entre diferentes medios, podía generar a partir de una sola película, ya que no solo fue un éxito de recaudación, sino que también sirvió de impulso para las ventas de cómics de dicho personaje, como se ha explicado en el capítulo anterior. Tras la llegada de estas dos películas, y reforzadas por la aparición de cómics de superhéroes de gran calidad artística y de guion, se empezó a conocer este nuevo género emergente y, posteriormente, se dio paso a su consolidación como género *per se* a partir del 2000 y los años siguientes. En la década de 1990, las películas de acción real que se rodaron empezaron a formar parte de este género en construcción, aunque, debido a la falta de consolidación como género propio, también se asociaron a otros géneros, como puedan ser acción, aventuras o, incluso, ciencia ficción.

A partir de 2000, con la llegada de *The X-Men* (Bryan Singer) a la gran pantalla, y desde 2002, con *Spiderman* (Sam Raimi), ha habido al menos una película de superhéroes en el top 10 anual de las películas más taquilleras a escala internacional. Por este motivo, se considera 2000 como el año de consolidación del cine de superhéroes de acción real y, además, convendría destacar las siguientes palabras de García-Escrivá: «… during the last years, all major Hollywood studios have tried to get comic book characters copyrights with the aim of adapting them to film and other media»[2] (2018: 27). Es decir, a lo largo de estas dos últimas décadas, las productoras de cine se han dado cuenta del potencial que tiene este género recientemente emergente para generar ingresos y convertirse en auténticos *blockbusters*.[3]

Una vez visto el recorrido de consolidación del género de superhéroes de acción real, el siguiente apartado se centra en exponer las principales características de dicho género y qué aspectos le hacen diferente a otros géneros cinematográficos.

1.2 CARACTERÍSTICAS DEL GÉNERO Los lectores de cómic suelen estar acostumbrados a que haya diferentes versiones de la representación de los personajes que aparecen en dicho medio debido, principalmente, a la forma en la que cada artista dibuja, guioniza o plantea una historia. No obstante, la versión de acción real de un superhéroe puede cambiar completamente esta concepción, puesto que, una vez que el actor o la actriz interpreta a cierto personaje, este suele quedar asociado a él o ella, por lo que los espectadores tienden a relacionar directamente a los superhéroes de la gran pantalla con las personas que los interpretan. Por ejemplo, en la actualidad, se asocia a Thor con Chris Hemsworth o a Superman con Henry Cavill. En este sentido, el equilibrio entre lo que nos resulta familiar y la novedad de representación de un personaje dentro de uno o varios géneros, como es el caso que nos ocupa, entre cine y

---

2 «… durante los últimos años, todos los grandes estudios de Hollywood han intentado conseguir los derechos de los personajes de cómic con el objetivo de adaptarlos al cine y a otros medios».

3 Como comenta Banegas, el término *blockbuster* «apela a la promesa de espectacularidad, es decir, a la necesidad de mostrar algo asombroso que los convierta en una pieza merecedora de ser vista en la gran pantalla» (2014: 19).

cómic, contribuye a una narratividad que siempre está en continuo cambio y evolución, mientras que la forma en la que se narra suele ser, normalmente, estable; esto es, la forma en la que se representa a los superhéroes en distintos medios no suele variar de forma notable, mientras que las tramas de las historias en las que aparecen pueden variar completamente de un número a otro (en el caso de una serie de cómic) o de una película a otra (en el caso de una saga de largometrajes). La idea que subyace, pues, a esta característica es la intencionalidad de las películas de superhéroes de acción real de acercarse lo máximo posible a la representación de esos mismos personajes en el cómic. Como comenta Brown, «as live action adaptations of characters that first appeared in comic book form, it is logical that the cinematic superhero universes are an attempt to replicate the type of superhero universes that Marvel and DC established decades ago»[4] (2017: 34).

En estrecha relación con la concepción del personaje del superhéroe en el cómic y en el cine, creemos necesario comentar el hecho de que, en el medio cinematográfico, las primeras películas dedicadas específicamente a un superhéroe requieren una explicación sobre su origen: cómo y por qué se convierte en esta figura. A su vez, dicha transformación pasa a ser la principal trama de la historia, más que una mera motivación o información que se traslada a un segundo plano. La transformación de un superhéroe, por consiguiente, sirve como pieza emocional y también como narrativa en muchas de las películas de este género. Este hecho es notable en la película *Batman Begins* (Christopher Nolan, 2005), en la que se dedica gran parte de la trama a mostrar cómo Bruce Wayne se prepara física y psicológicamente para convertirse en Batman.

A continuación, si tenemos en cuenta las características propias de los films de superhéroes, deberíamos detenernos en un elemento clave en este tipo de producciones: los efectos especiales. El cine de superhéroes facilita el uso de efectos especiales que son comunes en este tipo de género y que, a menudo, tienen como sinónimo una producción con una gran recaudación. Los personajes que pueden volar, que lanzan rayos supersónicos o que son capaces de

---

4 «como las adaptaciones de acción en vivo de los personajes que aparecieron en primer lugar en forma de cómic, es lógico que los universos de superhéroes cinemáticos sean un intento de replicar el tipo de universos de superhéroes que Marvel y DC establecieron décadas atrás».

levantar edificios enteros por encima de sus cuerpos proporcionan la justificación ideal para mostrar y desarrollar una tecnología digital que no se concibe en otro tipo de géneros cinematográficos. De esta forma, el uso extensivo de efectos especiales digitales y las caracterizaciones con CGI[5] permiten que los superhéroes parezcan mucho más realistas incluso en las ocasiones en las que los vemos lanzando rayos con sus ojos o creando y arrojando a sus enemigos pesados bloques de hielo.

Así, las escenas de acción, principalmente, suelen ser las que más CGI aplicado a la imagen muestran a los espectadores, factor que conlleva, como comenta Brown, una especial relevancia basada en la descripción y el desarrollo del personaje de un superhéroe:

> The action scenes may revel in the spectacular but they also advance the plot through conflict with the villain, or saving the needy. These scenes also establish important character traits such as the nobility, determination and superiority of the hero. The kinetic motion and thrills provided by superhero film spectacles are essential and expected ingredients that are part of the experience, the feel, of the narrative fantasy (2017: 28).[6]

En estrecha relación con los efectos especiales, se pueden destacar otras tres características sobre la trama resumidas en las siguientes palabras de García-Escrivá:

> Focusing on the case of superhero movies, let's see what are the supposed advantages of a movie of this kind. First, the plot of a superhero movie can easily accommodate political correctness and stay away from controversial aspects in virtually anywhere in the world. Second, dialogues are simple and easily understandable. Finally, the plot can afford very few interruptions in the fast-paced action, which fits with an audience that is also a massive consumer of video

---

5   El CGI (Computer Generated Imagery) es la tecnología que permite crear efectos en las imágenes de forma que parezcan reales.

6   «Las escenas de acción pueden gozar de espectacularidad, pero también avanzan la trama a través de conflictos con el villano o la salvación del necesitado. Estas escenas también establecen características importantes del personaje, como la nobleza, la determinación y la superioridad del héroe. Los movimientos y emociones cinéticas proporcionadas por los espectáculos de las películas de los superhéroes son ingredientes esenciales y esperados que forman parte de la experiencia, el sentimiento y la fantasía narrativa».

❋

games and, therefore, is used to the frenetic cadence of many of those products (2018: 28).[7]

Así, en el caso del cine de superhéroes de acción real no se suelen presentar tramas complicadas ni giros argumentales que demanden del espectador un esfuerzo añadido a la acción del visionado del film. Se trata, por tanto, de un género cuyos productos se basan en la sencillez de las tramas y que centra el énfasis en todos los aspectos que rodean a la acción, como los espacios, los trajes y los efectos especiales.

Por último, queremos poner de relieve un aspecto que, en los últimos años, parece ser la norma en las películas de superhéroes de acción real: la pertenencia a un universo compartido basado en las dos principales editoriales de cómic, DC y Marvel, y que incluye no solo el cine, sino también otros medios como los cómics o las series de televisión.[8] Iniciamos el análisis de este aspecto con una cita de Dodds: «Blockbusters of the future aren't driven by actors or directors or stories – they're driven by universes. And not just any universes, mind you, but huge, sprawling, dynamic universes designed to dominate both the big screen and small»[9] (2014). En este sentido, se pone de relieve el concepto de *cultura de la convergencia*, es decir, la representación del contenido de una historia en diferentes plataformas de medios de comunicación. Algunos de los elementos que

---

7 «Centrándonos en el caso de las películas de superhéroes, veamos cuáles son las supuestas ventajas de un film de este tipo. En primer lugar, la trama de una película de superhéroes puede acomodar fácilmente corrección política y dejar al margen aspectos controvertidos en cualquier parte del mundo. En segundo lugar, los diálogos son simples y fácilmente comprensibles. Por último, la trama puede permitirse pocas interrupciones en la acción de ritmo rápido, que además encaja con una audiencia que es también consumidora masiva de videojuegos y, por tanto, está acostumbrada a la cadencia frenética de cualquiera de esos productos».

8 Este fenómeno recibe el nombre de *transmedia* o intermedialidad. Scolari define este concepto como «un tipo de relato en el que la historia se despliega a través de múltiples medios y plataformas de comunicación y en el cual una parte de los consumidores asume un rol activo en ese proceso de expansión» (2013: 247). Para más detalles sobre esta cuestión, recomendamos el trabajo de Sergio García *Narraciones transmedia de no ficción. El caso de "Kony 2012"* (2016), el de María del Mar Guerrero *Historias más allá de lo filmado: fan fiction y narrativa transmedia en series de televisión* (2016) y el de Jordi Revert *La intermedialidad entre cómic y cine en la era digital* (2020).

9 «Los *blockbuster* del futuro no estarán dirigidos por actores, directores o historias, sino por universos. Y no solo universos, eso sí, sino enormes y dinámicos universos en expansión para dominar tanto la gran pantalla como la pequeña».

---

relacionan dos o más productos audiovisuales pueden ser *easter eggs*[10] escondidos a lo largo de las películas para que los espectadores más entusiastas o los más ávidos lectores de cómics puedan descubrirlos, así como hechos y personajes relevantes (o no tan relevantes para la trama) en los cómics que aparecen en otras películas o series y que juegan un cierto papel en la narración. Así lo explica García-Escrivá:

> Superhero stories are stories without a proper ending, episodes that follow one to another without a conclusion, always waiting for a new installment. At the same time, as happens in comic books, superhero movies are easily combinable, both with other movies and with other products, which makes them suitable for being part of a transmedia storytelling universe (2018: 27).[11]

Este comentario, como podemos observar, pone en estrecha correlación dos de los conceptos principales de este apartado: *cultura de la convergencia* y *transmedia storytelling universe*. Es decir, se crea un universo de productos audiovisuales en el que todos se relacionan, se complementan y ayudan a construir una trama con nuevas historias, personajes, espacios y tiempos. Así, por una parte, la *cultura de la convergencia* hace referencia a las historias cruzadas de dos o más personajes de diferentes series, tanto de cómic como de cine en el caso que nos ocupa; por otra, el concepto *transmedia storytelling universe* se refiere a las múltiples plataformas mediante las cuales se puede desarrollar una historia, ya sea cómic, cine, serie de televisión, teatro, videojuego, narrativa, etc. Jenkins, sobre esta unión de conceptos, comenta que un producto con estas características «is developed across multiple media platforms, and each new text makes

---

10 Se trata de un detalle o pequeño fragmento de información que ayuda al lector/ espectador a relacionar el producto con otro del mismo medio o de cualquier otro. Por ejemplo, un *easter egg* sería el hecho de encontrar un objeto en una película que, a su vez, es la pieza central de la trama en otra película. Se entienden como pequeños regalos de consideración para aquellas personas que están muy familiarizadas con la trama o con el universo que comparte con otros medios.

11 «Las historias de superhéroes son historias sin un final, episodios que siguen uno tras otro sin una conclusión, siempre esperando una nueva entrega. Al mismo tiempo, como pasa con los cómics, las películas de superhéroes son fácilmente combinables, tanto con otros films como con otros productos, por lo que son apropiados para formar parte de un universo de narraciones entre diferentes medios».

a specific and valuable contribution to the whole»[12] (2008: 95-96). Así, podemos deducir que este tipo de género cinematográfico presenta múltiples variables de realización y producción, ofreciendo un amplio abanico de posibilidades que se centran no solo en la figura de los superhéroes, sino en cualquier aspecto relacionado con estos.

1.3 SUPERHÉROES Y SUPERHEROÍNAS EN EL CINE DE ACCIÓN REAL Una vez establecidas las principales características del género de los superhéroes, en este apartado vamos a exponer algunas diferencias que se aprecian entre la representación de superhéroes y la de superheroínas en las películas de acción real, aunque, como veremos a lo largo de este estudio, nos vayamos a centrar en dos figuras masculinas, Batman y Superman.

Por una parte, de forma generalizada, en el cómic los superhéroes masculinos se suelen dibujar con grandes y bien definidos músculos, principalmente en brazos, piernas y torso, lo que otorga una especial relevancia a la representación de bíceps, cuádriceps y abdominales. Así mismo, y como veremos de forma más detallada al analizar el corpus (capítulo 4), los trajes funcionan como potenciadores de estas representaciones. Este hecho se observa, también, en las adaptaciones de estos personajes a la gran pantalla, en las que los actores que representan a los superhéroes suelen tener una buena forma física que intenta adaptarse a la imagen dada por los cómics.

Por otra parte, si abordamos la representación de las superheroínas en las películas de acción real, tenemos que comentar aspectos relacionados con la erotización y la tardía llegada de estos personajes a la gran pantalla; por ejemplo, una de las primeras películas en las que la protagonista era una mujer fue *Elektra* (Rob S. Bowman), de 2005, y no será hasta 2017 cuando llegue el siguiente largometraje con estas características, con *Wonder Woman* (Zack Snyder). La siguiente fue *Capitana Marvel* (Anne Boden), estrenada dos años después.

Respecto a la erotización, ya se observaba en los cómics. Como comenta Brown, «in superhero comics, an industry still dominated by male writers, artists and editors, [...] superheroins are usually illustrated in such a stylized and sexual manner that they verge on

---

12 «se desarrolla a través de múltiples plataformas de medios de comunicación, y cada nuevo texto es una específica y valiosa contribución al conjunto».

the pornographic»[13] (2017: 51-52). En este sentido, podemos apreciar que, a lo largo del proceso de representación del conjunto de superhéroes tanto en el cómic como en la gran pantalla, la iconografía visual sigue, de forma recurrente, ilustrando a los superhéroes como figuras masculinizadas y a las superheroínas como figuras sexualizadas (cuestión que escapa al alcance de este libro y que dejamos para una futura investigación, dado que los dos personajes analizados son masculinos). En este sentido, Lebel aporta una interesante reflexión sobre esta cuestión: «... the powers attributed to female superhero bodies are linked to traditional notions of female power, including manipulation, sexuality and masquerade rather than brute physical or muscular strength»[14] (2009: 65).

2
La adaptación del cómic al cine

Como se verá en el capítulo 3, las teorías desarrolladas en el campo de la semiótica han servido como método de estudio de multitud de medios visuales y audiovisuales, tales como la fotografía, los cómics, el cine o la publicidad. De una forma u otra, esta rama de la semiótica siempre ha estado presente en este tipo de medios, pero parece que, actualmente, pese a su grado de utilidad, existen escasas investigaciones basadas en este método como herramienta para el análisis de un corpus audiovisual, especialmente si tenemos en cuenta el proceso de adaptación del cómic al cine. No obstante, hay algunas obras basadas en el proceso de adaptación que requieren especial atención, pues han servido como base fundamental en la creación de una teoría de la adaptación; por ejemplo, los trabajos de Hutcheon (2006), Leitch (2007) y Manzano (2008). Tal y como indica el primero de ellos, «when we call a work an adaptation, we openly announce its overt relationship to another work or works»[15] (2006: 6).

---

13 «en los cómics de superhéroes, una industria dominada todavía por escritores, artistas y editores masculinos [...] las superheroínas se suelen ilustrar de una forma tan estilizada y sexual que rozan lo pornográfico».

14 «... los poderes atribuidos a los cuerpos de las superheroínas conectan con las nociones tradicionales de poder femenino, que incluye la manipulación, la sexualidad y la farsa, más que un físico bruto o fuerza muscular».

15 «cuando llamamos a un trabajo adaptación, estamos anunciando abiertamente su evidente relación con otra obra u obras».

De acuerdo con sus investigaciones basadas en los procesos de adaptación, hay muchas maneras de analizar las adaptaciones; no obstante, la oposición entre *fidelidad* (existe un alto grado de similitud entre la obra original y la adaptación) y *creatividad* (la adaptación se aleja de la obra original)[16] parece haber sido la forma más popular de juzgar una obra adaptada. Una de las principales teorías, la de Hutcheon, se fundamenta en el sentido de reconocimiento de una adaptación, es decir, el sentimiento evocado en los consumidores de estos productos cuando se dan cuenta de que el producto que están consumiendo es una adaptación, que puede traer consigo notables cambios y diferencias respecto a la obra original: «… recognition and remembrance are part of the pleasure (and risk) of experiencing an adaptation; so too is change»[17] (2006: 4). Este sentido de reconocimiento es también visible cuando se adapta un cómic al cine. Si tomamos en consideración este proceso, uno de los primeros estudios sobre adaptación que tuvo en cuenta el cómic como obra origen fue el de Thomas Leitch, quien analizó no únicamente el estilo de la adaptación, sino también el contenido y el medio de esta: «Comic book adaptations performative styles depend less on any medium-specific comic-book look than on the individual style of their particular source and the relation they seek to establish to that source»[18] (2007: 199). En sus investigaciones, Leitch basa sus teorías en la conexión entre intertextualidad e hipertextualidad[19] y en cómo las «hypertextual relations [...] shade off to the intertextual»[20] (2007: 94). Según su punto de vista, la concepción básica de una adaptación no debería sustentarse

---

16 Somos conocedores de la gran cantidad de matices que conlleva la definición de estos dos elementos, por lo que si se desea profundizar en su significado, características y peculiaridades, aconsejamos la lectura de obras como las de Lefevere (1992), McFarlane (1996), Lothe (2000) y Stam (2000), entre otras.

17 «… el reconocimiento y el recuerdo son parte del placer (y el riesgo) de la experiencia de una adaptación; al igual que también el cambio».

18 «Los estilos performativos de las adaptaciones de cómic dependen, en menor medida, de la visión de cualquier medio específico como el cómic que del estilo individual de su fuente particular y de la conexión que buscan establecer con esa misma fuente».

19 Para más información sobre el concepto *intertextualidad*, recomendamos la lectura de obras como *Ideology, Intertextuality, and the Notion of Register* (Lemke, 1985), *Discourse and the Translator* (Hatim y Mason, 1990), *Traducción y doblaje: palabras, voces e imágenes* (Agost, 1999) o *La intertextualidad en Zootrópolis. ¿Cosa de niños?* (Botella y García, 2019).

20 «las relaciones hipertextuales [...] degradan las intertextuales».

en el grado de fidelidad, sino más bien en las relaciones textuales que se desprenden del proceso mismo de adaptación, es decir, los lazos de unión creados dentro de la obra y cómo esta se conecta con otras obras, tanto si son fuentes originales como adaptaciones.

La adaptación de la imagen, por otra parte, cobra total relevancia en este tipo de adaptación pues «en nuestra cultura, el cine y los cómics son los dos puntales más importantes que se sirven de la imagen para contar una historia» (Eisner, 2003: 3). En este sentido, serán el cine y el cómic los medios más relevantes para este tipo de análisis, y, además, será la semiótica la encargada de procurarnos las herramientas para el análisis de las imágenes. En este sentido, «el cómic es, por esencia, un medio visual compuesto de imágenes. Si bien la palabra constituye uno de sus componentes vitales, son las imágenes las que cargan con el peso de la descripción y narración» (Eisner, 2003: 1-2). Por esta razón encontramos en ocasiones viñetas, páginas o cómics enteros sin ninguna palabra en su contenido y, a pesar de ello, narran una historia coherente y cohesionada. El efecto conseguido es la relevancia de la imagen como elemento narrativo en detrimento de la palabra: «... la pérdida de la palabra refuerza el valor simbólico de las imágenes» (García, 2010: 92). Cabría recordar aquí el término *novela gráfica* pues, tal y como comenta Eisner, en sus inicios se componía únicamente de imágenes secuenciales: «... la novela gráfica, tal como la conocemos hoy, consiste en una combinación de texto, ya sea texto de apoyo o diálogos (bocadillos), y de dibujo desplegado secuencialmente. Pero en sus inicios, la narración gráfica prescindió completamente de la palabra» (2003: 138). Así pues, este hecho nos acerca al momento en el que el lector ejerce su papel de consumidor de ese material que es el cómic y encontramos una característica notoria: la diferencia del proceso de lectura de un cómic y de una novela. En palabras de Eisner, «el proceso de lectura en el cómic es una extensión del texto. La lectura de un libro supone un proceso de lectura que convierte la palabra en imagen. Eso se acelera en el cómic, que ya proporciona la imagen» (2003: 5). Como se puede comprobar, la imagen se convierte en elemento indispensable a lo largo de la lectura de un cómic. García también comenta que «el cómic se lee, [...] pero es una experiencia de lectura completamente distinta de la experiencia de lectura de la literatura, de la misma manera que la forma en que vemos un cómic no tiene nada que ver con la forma en que vemos una película o la televisión» (2010: 27). Por consiguiente, con esta diferencia podemos establecer numerosas relaciones basadas en la adaptación de un medio al otro, puesto que ambos, cine y cómic, comparten la imagen como elemento decisivo en su formación.

Como hemos comentado anteriormente, no existen muchos análisis sobre el proceso de adaptación del cómic al cine, puesto que la mayoría de los estudios de adaptación al cine, tales como los propuestos por Bluestone (1957), Fleishman (1992), McFarlane (1996), Sánchez Noriega (2000) o García (2016), por citar algunos, toman como obra original una obra literaria, principalmente la novela. Teniendo en cuenta este factor, hemos optado por elegir uno de los estudios basados en la adaptación literaria y lo hemos modificado, tanto como nos ha sido posible, para que cumpla su función como modelo estructural para el análisis de adaptaciones al cine basadas en el cómic. Para ello, a continuación, se presentará la tipología basada en la adaptación literaria creada por José Luis Sánchez Noriega en su obra *De la literatura al cine* (2000). A partir de este trabajo, tenido en cuenta como una propuesta apropiada para los medios de las artes secuenciales, que también nos servirá para los dos casos que nos ocupan (cómic y cine), reelaboraremos los procesos de adaptación literaria descritos para que, como se ha mencionado anteriormente, se ajusten a la adaptación del cómic al cine.

De acuerdo con la oposición fidelidad/creatividad, Sánchez (2000: 63-66) señala cuatro tipos diferentes de adaptación. En la siguiente categorización, basada en la propuesta de este autor, vamos a evaluar el grado de similitud entre el trabajo original, en nuestro caso el cómic, y su adaptación a la gran pantalla. Sánchez propone una gradación en la que se puede encontrar en un extremo una adaptación fiel al cómic y, en el otro, una adaptación que se aleja completamente de la obra original. No obstante, entre ambos extremos hay otros dos niveles de adaptación, los cuales dependen de aquello que se adapte y de qué forma aparece reflejado en la obra adaptada. Por consiguiente, los procesos de adaptación del cómic al cine que proponemos a partir de la taxonomía de Sánchez son los siguientes:

– *Adaptación como ilustración*: se trata de un tipo de adaptación que vuelve a contar la historia, a describir de la misma forma a los personajes y a narrar casi con exactitud las situaciones tal y como aparecen en el cómic. Para este fin, «se suelen sacrificar los aspectos comentativos, transcribir por completo los diálogos y utilizar los elementos figurativos y visuales» (Sánchez, 2000: 64).

Podemos encontrar un claro ejemplo de este tipo de adaptación en la novela gráfica *Watchmen* (1986), de la editorial DC, creada por Alan Moore, y su posterior adaptación homónima al cine en 2009, dirigida por Zack Snyder. En esta obra se observa cómo algunas viñetas parecen haber sido capturadas con exactitud en algunos fotogramas de la película. Un hecho similar se pone de manifiesto al representar el lugar donde discurre la acción, puesto que se recrea de la misma forma y con las mismas características con las que aparece en el cómic. Como resultado, esta novela gráfica parece haber sido creada para ser adaptada a la gran pantalla. En palabras de Burke, este tipo de adaptación como ilustración se puede definir como una intersección que tiene lugar «when the uniqueness of the original text is preserved to such an extent that it is intentionally left unassimilated in adaptation»[21] (2015: 14).

– *Adaptación como transposición*: en este caso, tanto la forma como el contenido de la historia de un cómic se trasladan al cine poniendo de relieve las estrategias cinematográficas de este medio; es decir, existe una transposición del mundo que aparece en las viñetas al lenguaje fílmico y a la estética cinematográfica, por lo que se observarán variaciones tanto en las imágenes dimensionales como en la configuración de los planos a partir de las viñetas. De alguna forma, se basa en la equivalencia entre el contenido del cómic y el cine. Un gran número de películas adaptadas de cómics pertenecerían a esta categoría, especialmente aquellas del género de superhéroes, como, por ejemplo, las basadas en Batman, Superman y Wonder Woman, ya que toda la acción, las secuencias y los escenarios de este tipo de historias no pueden ser trasladados fácilmente a la gran pantalla. Además, aunque el uso de efectos especiales ha permitido a directores y productores acercarse a los cómics, existe una necesidad específica, en el caso de la secuencialidad de las viñetas, de intentar conseguir el mismo efecto que se produce en el lector de cómics. Los cómics que narran los orígenes de los superhéroes suelen ser ejemplos excelentes de esta categoría, como *Lobezno. Origen* (Jenkins, 2009) o *Superman: el origen de Superman* (Johns,

---

21   «cuando la singularidad del texto original se preserva hasta el punto en que se deja sin asimilar de forma intencionada en la adaptación».

2013), puesto que los cineastas, una vez adaptada la historia y el contenido a la pantalla, intentan, en la medida de lo posible, mantener la continuidad en ambos medios.

– *Adaptación como interpretación*: este tipo de adaptación se basa en el cambio de punto de vista de directores y productores de una película basada en una historia ya narrada en un cómic, por lo que la audiencia será capaz de encontrar las bases de dicho cómic en conjunción con algunos cambios realizados debido a la naturaleza del cine. Por consiguiente, esta adaptación se podría considerar como una historia más, una nueva aventura que se suma al resto de historias ya publicadas en formato de cómic. En este caso, se podría decir que estas adaptaciones consisten en una interpretación de lo que el cómic presenta a sus lectores, ya que el énfasis en esta categoría consiste en resaltar las ideas y los sentimientos que se derivan de la obra original. De esta forma, la mera idea de tener un personaje principal en la historia de un cómic es suficiente para producir otras versiones en las que ese mismo personaje pueda mantener el estatus de personaje principal en la historia proyectada en el cine. De la misma manera que ocurre en el caso del proceso de adaptación como transposición, un gran número de adaptaciones basadas en cómics encajarían en esta categoría, especialmente los géneros de superhéroes, aventuras y acción. Como ejemplo podemos citar la película de *El escuadrón suicida* (2016), dirigida por David Ayer, puesto que, en este caso, tanto el plano estético como los elementos figurativos de los personajes se han mantenido, si bien la historia narrada en el film es completamente diferente a las publicadas en los cómics.

– *Adaptación libre*: en este tipo de adaptación, la historia cinematográfica es completamente distinta a la historia original del cómic, por lo que únicamente se preserva la inspiración para crear una nueva historia que podría incluir, entre otros casos, un nuevo emplazamiento, nuevas situaciones y nuevos personajes, tanto principales como secundarios. Se trata, por tanto, de una influencia del cómic en el cine, pero, una vez ya se ha creado el producto adaptado, tanto el contenido como la interpretación no tienen por qué guardar relación alguna con el original. Tal y como comenta Sánchez, esta categoría «no opera ordinariamente sobre el conjunto del texto [...] sino que responde a distintos intereses y actúa sobre distintos niveles» (2000: 65), tales como la estructura de la acción, los temas, los personajes o el tiempo, así como el espacio en el que se desarrolla la acción. El ejemplo que ofrecemos es la serie de cómics que sirvieron de inspiración a George Lucas para crear la exitosa saga *Star Wars*, *Valérian and Laureline*, llamada inicialmente *Valérian: Agente espacio-temporal* (1967), creada por Pierre Christin. Esta historia secuencial narra las aventuras de dos agentes cuya misión es navegar a través del universo para mantener la paz en el tiempo y el espacio; esta misma idea fue tomada por George Lucas para crear sus aventuras en el espacio exterior y evolucionó hasta llegar a la producción de la primera película de la famosa saga, titulada *Star Wars: Una nueva esperanza* (1977).

Una vez descritos y ejemplificados los tipos de adaptación del cómic al cine nos gustaría comentar un aspecto previo a la descripción de las principales editoriales de cómic y productoras de cine que han llevado a cabo este tipo de adaptaciones. Se trata de la reflexión de Alcantarilla sobre la diferencia en el paso del tiempo entre la *viñeta* y el *fotograma*:

> La mayor diferencia entre cine y cómic radica en que este emplea signos pictóricos estáticos (no dinámicos) y diálogos que aparecen escritos (sin referencias fonéticas), mientras que en las películas la sensación de movimiento y el sonido son reproducidos con gran fidelidad. En el cine, la percepción de las imágenes y los diálogos es simultánea, mientras que en los cómics es consecutiva. [...] Las viñetas grandes y/o [sic] alargadas transmiten así una sensación de mayor duración que las pequeñas, y unas viñetas sin recuadro pueden sugerir una sensación de tiempo y espacio abierto, muy dilatado o infinito (2014: 17).

Ofrecemos esta cita a modo de cierre del apartado por dos razones: la primera de ellas es que esta diferencia entre cómic y cine va a estar presente a lo largo de este libro, pues las viñetas que se han analizado son, como comenta Alcantarilla, signos pictóricos estáticos; la segunda, que el comentario y la descripción del tamaño de las viñetas y los fotogramas seleccionados será relevante en el análisis, de forma que, dependiendo de a qué elementos hagamos referencia, el tipo de imagen variará según su nivel de detalle.

3
Principales editoriales de los cómics de DC por países

Seguidamente, y una vez expuestos los procesos de adaptación, vamos a estudiar someramente las principales editoriales de los países con mayor consumo y tradición de producción de cómic, dejando al margen Japón, cuyo principal medio es el manga[22] y que por ello se aleja del objeto de estudio de esta obra. En este sentido, destacamos las palabras de Vilches, quien aporta una visión global sobre la situación del cómic a partir de los años treinta:

> El cómic se desarrollará, principalmente, en el eje formado por Francia y Bélgica, que a partir de la época de la gran depresión verá nacer a sus principales iconos de la historieta. En 1929, en las páginas de *Le Petit Vingtième*, se publicó por primera vez una aventura del archiconocido Tintín. [...] En España, la prensa de finales del siglo XIX también publicó los trabajos de pioneros como Apeles Mestres, Macachis o Xaudaró y, al igual que en Francia, pocos años después empezaron a publicarse revistas infantiles que incluían historietas, como Dominguín, en 1915, o la conocidísima *TBO*, a partir de 1917 (2019: 17).

Otra reflexión interesante es la de Martín sobre la expansión del cómic en el continente europeo y la evolución de este medio a partir de las bases de las tiras de prensa norteamericanas:

> El cómic norteamericano parte de la experiencia de la caricatura política y del periodismo satírico anglosajón de los siglos XVIII y XIX, cuyos potenciales recursos expresivos desarrolla. El resultado es la serie de cómics producidos entre 1895 y 1905 –*The Yellow Kid*, de Richard F. Outcault; *The Katzenjammer Kids*, de Dirks; *Happy Hooligan*, de Frederick B. Opper; *Little Nemo*, de Winsor Mc Cay, etc.– en los que se fijan los elementos básicos del cómic, incluso el *balloon* o bocadillo. Prácticamente en los mismos años finales del siglo XIX aparece también el cómic en Europa, Alemania, Francia, España, Inglaterra..., con peculiaridades formales y de lenguaje que corresponden a las distintas características económicas y culturales de las sociedades en que se origina. Similarmente a lo ocurrido en Norteamérica, el cómic

---

22 Además de las dos referencias sobre el manga que ya se han citado en la nota 14 del capítulo 1, consideramos oportuno aportar una referencia adicional, la obra de Hernández *La narrativa cross-media en el ámbito de la industria japonesa del entretenimiento: estudio del manga, el anime y los videojuegos* (2013).

europeo parte de la gran influencia que entonces ejerce el humor político, pero a ello se suman la tradición de la estampería tradicional y el auge logrado por la novela por entregas de signo folletinesco entre el público lector de menor base cultural. Paralelamente tiene gran peso la importancia que las formas literarias alcanzan en la sociedad burguesa como supremo valor cultural. A partir de esta suma de influencias, el naciente cómic europeo quedará fijado en una fórmula poco evolucionada, según la cual dibujo y texto se complementan narrativamente, pero no se integran dentro del espacio de la viñeta como ocurre en el cómic americano, sino que los textos, generalmente descriptivos y abundantes, son situados al pie de la misma (2001: 42).

Por consiguiente, hemos considerado oportuno agrupar las editoriales de los diferentes países en tres grupos: el primero de ellos se centra en la tradición española del cómic (o tebeo); el segundo en el ámbito franco-belga, que incluye Francia, Bélgica y, en menor medida, Alemania,[23] con sus características propias, y, por último, el *fumetti* de Italia. Al parecer, estos tres ejes se han constituido como diferentes tradiciones del cómic, aunque aunadas por el mismo factor narrativo: «... escuelas e institutos introducirán una enseñanza específica de la historia. La escuela Saint-Luc de Bruselas será pionera desde 1968. Seguirán otras en Francia, Bélgica, Italia o España» (Altarriba, 2018: 21). Para ello, hemos recabado la información, principalmente, de las páginas web de cada editorial.

3.1 ESPAÑA Y EL *TBO* Como comenta Vilches, en España, los inicios del cómic nacional se remontan a la producción de historietas para niños:

En cuanto a España [...] en el siglo XIX empiezan a aparecer páginas de historietas en diversas publicaciones infantiles. Dominguín (1915) está considerado por los historiadores como el primer tebeo español, aunque difícilmente pudo llamársele así, dado que el *TBO*

---

23 Al igual que en España, en Alemania ha habido diferentes editoriales dedicadas a la publicación de los cómics de DC. En primer lugar, Ehapa Verlag (llamada oficialmente Edgmont Ehapa Verlag GmbH), situada en Berlín, empezó a publicar los cómics de DC a mediados de los años sesenta y fue considerada como la más importante de todo el país, a la que siguió la editorial Dino Comics. Esta editorial, fundada en Viena, publicaba los cómics de DC en alemán durante los años noventa y estos eran distribuidos también por toda Alemania. Panini compró la editorial de Dino Comics en 2009 y consiguió el control de la publicación de los cómics de DC en Alemania y Austria.

no apareció hasta 1917. [...] Junto a *TBO* convivieron una multitud de revistas publicadas por El Gato Negro, una editorial barcelonesa regentada por Juan Bruguera. De estas revistas, la más importante fue *Pulgarcito* (2014: 48-50).

Por otra parte, en España, los cómics de superhéroes tuvieron su punto álgido en la década de los ochenta, finalizados ya los años de dictadura y con una voluntad de apertura de la población hacia países extranjeros. Uno de los principales puntos de apertura económica, social y cultural fue Barcelona; de ahí que las principales editoriales de cómics de España estén situadas en dicha ciudad. La editorial Zinco, a partir de 1984, empezó a publicar títulos de cómics de muchos de los superhéroes más importantes a escala mundial, lo que le granjeó un gran éxito entre los primeros lectores de cómics de superhéroes. Entre ellos destacamos los cómics de Batman, Superman, Green Lantern, Flash, Sandman y La Liga de la Justicia. A finales de 1997, esta editorial quebró y fue Norma Editorial la que recogió el testigo de seguir con la publicación de los cómics de DC en España a partir del año 2000. Desde 2001 tuvo éxito no solo como editorial de los cómics de DC, sino también de Dark Horse y Vertigo, editoriales independientes de Estados Unidos. En 2005, Norma Editorial perdió los derechos de DC para seguir publicando sus cómics y, en esta ocasión, fue Planeta de Agostini, como parte del Grupo Planeta, la editorial encargada de seguir con el legado de la publicación de los cómics de DC. Finalmente, en 2011 dejó de publicar dichos cómics y desde entonces hasta la actualidad es ECC Ediciones la que se encarga de su publicación y traducción. Esta editorial está centrada, principalmente, en los cómics de DC, Vertigo y MAD (revista satírica estadounidense). ECC tuvo, en 2011, la importante tarea de retomar todas las historias publicadas por Planeta de Agostini hasta la fecha, incluso algunas anteriores, como, por ejemplo, las pertenecientes a *The New 52*.[24]

3.2 EL CÓMIC FRANCO-BELGA Como ya se ha comentado al inicio del apartado, el cómic franco-belga fue pionero en la creación de personajes protagonistas europeos en el cómic. Vilches ofrece un interesante comentario al respecto:

---

24 Véase referencia en el apartado dedicado a la historia de DC en el capítulo 1.

En los años treinta [...] en Europa lo que triunfaba eran las revistas de cómic para niños. En el mercado franco-belga había muchas de ellas que publicaban material estadounidense, tanto de *strips* de aventuras como de los personajes de Disney. Pero también empezaron a aparecer revistas con material autóctono, como *Le Journal de Spirou* (1938). En ellas se publicaban por entregas diferentes series que, posteriormente, si habían tenido éxito entre los lectores eran recopiladas en álbumes. Este sistema de publicación, que se convirtió en el predominante en el mercado franco-belga hasta fechas muy recientes, será el que permita el desarrollo de una de las tres industrias más potentes del mundo, basada tanto en sus autores como en sus icónicos personajes (2014: 44).

En la actualidad, la principal editorial de cómics en Francia es Urban Comics, ubicada en París y fundada en 2012. Esta editorial está dedicada única y exclusivamente a publicar y traducir los cómics de DC y Vertigo.

En Bruselas, Média Participations, creada en 1985, es la responsable de la edición de los cómics de DC en este país y en algunas zonas de Francia desde 2011, año en el que se firmó un convenio con Time Warner. Como comenta Alcantarilla:

La «Escuela de Bruselas», presidida por Hergé, tomó su nombre en alusión a Editions du Lombard, los editores de la revista *Tintín*, que tenía su sede en Bruselas. Esta revista surge en 1946 gracias al editor Raymond Leblanc. Por consiguiente, podemos apreciar la estrecha relación entre el cómic francés y belga; de ahí que, comúnmente, al cómic que comparte las características de las escuelas de Francia y Bélgica se le conozca como «franco-belga» (2014).

Por otro lado, en su tesis doctoral, Bartual plantea una reflexión sobre el florecimiento de lo que se conoce como álbum europeo, sobre los motivos y las razones que llevó a autores franco-belgas a interesarse por este tipo de medio:

El formato álbum europeo es síntoma de un cambio de sensibilidad con respecto al cómic, por parte de sus creadores pero también de sus lectores: ambos sienten la necesidad de contar y de leer historias más largas, no una mera sucesión de anécdotas; en definitiva, la necesidad de acercar la narración pictográfica al modelo novelístico. Los cambios de estrategia narrativa que, poco a poco, va introduciendo Hergé en *Las aventuras de Tintín* ilustran muy bien cómo se materializa progresivamente dicho acercamiento (2008: 82).

Finalmente, Alcantarilla resume, de forma sucinta, el éxito comercial del cómic franco-belga y el surgimiento de una de sus principales características, la línea clara, por la que es conocido:

> Desde un principio, las publicaciones belgas fascinaron al público gracias, sobre todo, a la internacionalización de los héroes de papel más famosos, Tintín (1929) y Spirou (1938), unos personajes que aún hoy dominan el paisaje del cómic juvenil. El éxito fue tal que los dibujantes franceses atravesaron la frontera para trabajar en alguna de estas dos publicaciones, como en el caso de Albert Uderzo (1927-2020) y René Goscinni (1926-1978), quienes posteriormente crearían la famosa revista *Pilote* donde, con un aire más moderno, empezarán a publicar las aventuras de Astérix (1959) [...] La Escuela franco-belga tiene, además, el mérito de haber creado el estilo denominado «línea clara» cuyos antecedentes se remontan a la pintura flamenca, con su gusto por recortar los bordes de las figuras con precisión y por cuidar los más mínimos detalles en un afán de mostrar con claridad los objetos y sus significados (2014: 26).

3.3 ITALIA Y EL *FUMETTI* Como hemos comprobado en el apartado anterior, dedicado al cómic franco-belga, y vista la notable expansión del cómic en dicho territorio, Vilches comenta:

> Mientras todo esto sucedía en el mercado franco-belga, en otros países europeos empezó a aparecer otro tipo de cómic popular de amplia distribución. Y uno de los países donde antes y mejor caló el tebeo fue Italia, donde lo denominaron *fumetti*, en alusión a los globos de texto. Durante los años treinta, empezaron a aparecer decenas de cómics, en muchos casos en un formato de cuadernillo apaisado, que ofrecían historias dibujadas a imitación de las estadounidenses de aventuras, hombres selváticos o policías (2014: 70).

En 2011, Planeta de Agostini perdió los derechos de DC en Italia y, en 2012, RW Edizioni asumió el control. Esta reciente editorial está situada en Novara, en la región del Piamonte.

4
Principales productoras de cine de superhéroes

A continuación, vamos a comentar de modo sucinto algunos de los aspectos más relevantes de las principales productoras de cine que tienen como punto fuerte, entre otros, el cine de superhéroes. De esta forma, no únicamente aportaremos información sobre las distintas productoras, extraída principalmente de cada una de sus páginas web oficiales, sino que citaremos, además, algunos de los títulos más importantes de cada una de ellas.

4.1 MARVEL STUDIOS Fue creada en 1993 (antiguamente más conocida como Marvel Films) y, desde entonces, ha realizado adaptaciones cinematográficas de los cómics de Marvel, la gran mayoría creados por Stan Lee. Inicialmente realizó algunas coproducciones con otras productoras y distribuidoras, como la adaptación del *Dr. Extraño* (Philip Deguere, 1987), *Capitán América* (Albert Pyun, 1990) o *Blade* (Stephen Norrington, 1998).

Cabe destacar que, en 2009, Disney (fundada en 1923) compró los derechos de Marvel por 4.000 millones de dólares y, con ello, obtuvo también los derechos de la mayoría de sus personajes, incluyendo Spiderman,[25] X-Men, Ironman, Hulk, Daredevil y el Capitán América, entre otros.

4.2 SONY PICTURES ENTERTAINMENT Creada en 1991, pertenece a Sony Corporation, una multinacional establecida actualmente en Japón y fundada en 1918. Entre algunos de sus títulos destacamos *Men in Black* (Barry Sonnenfeld, 1997), *Ghostbusters* (Ivan Reitman, 1984), *Stuart Little* (Rob Minkoff, 1999) y una temprana saga de *Spiderman* formada por tres películas (2002, 2004 y 2007, respectivamente).

4.3 20TH CENTURY FOX Fundada oficialmente en 1915 por William Fox, tiene su sede en Los Ángeles, California. Esta productora es conocida por sus producciones de dibujos animados y, en especial, por sus películas infantiles, como, por ejemplo, *Las Tortugas Ninja*[26]

---

25 Somos conscientes del cambio de nombre de algunos de los superhéroes que aparecen en el presente estudio, dependiendo en mayor medida de la época en la que aparecieron, puesto que en España algunos nombres fueron traducidos, como El Hombre Araña, La Masa o Dan Defensor. No obstante, hemos optado por utilizar los nombres más actuales, puesto que son los que se utilizan tanto en los cómics que hemos analizado como en sus adaptaciones a la gran pantalla.

26 Como explica Tenderich, «[f]ormer USC professor Marsha Kinder coined the term transmedia in 1991. She stated that brands such as Teenage Mutant Ninja Turtles

(Steve Barron, 1990), *Anastasia* (Don Bluth, 1997), *Ice Age* (Chris Wedge, 2002) y *Garfield* (Peter Hewitt, 2004); no obstante, cabe comentar que, recientemente, ha estrenado películas pertenecientes al género de superhéroes, como *Deadpool* (Tim Miller, 2016), *Logan* (James Mangold, 2017) y *Dark Phoenix* (Simon Kingberg, 2019). Destacamos también la producción de *Star Wars*, una de las sagas cinematográficas más taquilleras de todos los tiempos.

4.4 PARAMOUNT PICTURES CORPORATION Fundada en 1908, tiene su sede en Hollywood y destaca por la temática tan variada de sus producciones cinematográficas. Un elemento que cabe poner de relieve es que esta productora fue la primera en adoptar e incorporar el doblaje en sus películas, puesto que ambicionaba exportar sus films fuera de los países de habla inglesa. Destacamos, entre algunos de sus exitosos largometrajes, *Love Story* (Arthur Hiller, 1970), *El padrino* (Francis Ford Coppola, 1972), *Braveheart* (Mel Gibson, 1995) y *Star Treck* (Jeffrey Jacob Abrams, 2009).

A partir del año 2000 firmó ciertas licencias con Warner Bros. y Marvel Entertainment para coproducir algunos de los siguientes títulos: *Watchmen* (Zack Snyder, 2009), *Ironman* (Jon Favreau, 2010), *Thor* (Kenneth Branagh, 2011) e *Interstellar* (Christopher Nolan, 2014).

4.5 WARNER BROS. ENTERTAINMENT Tal y como podemos observar en la página web de la productora esta compañía fue creada por los hermanos Warner (Sam, Jack, Albert y Harry) el 4 de abril de 1923. No obstante, ya habían empezado su carrera como cineastas

---

are "commercial transmedia supersystems". The basic premise of the brand is that there are four turtles trained in ninjutsu named after Renaissance artists that have been transformed into protectors of humanity after coming into contact with a mysterious substance. Teenage Mutant Ninja Turtles was first developed as a comic book series. Its success led to the licensing of the characters for toys, cartoons, video games, film and other merchandise. As a result, the brand reached international acclaim» (la antigua profesora de la USC Marcha Kinder acuñó el término en 1991. Declaró que marcas como *Las tortugas ninja* son «supersistemas de medios comerciales». La premisa básica de la marca es que hay cuatro tortugas entrenadas en ninjutsu, llamadas de la misma forma que artistas del Renacimiento, que se han transformado en protectoras de la humanidad tras estar en contacto con una misteriosa sustancia. *Las tortugas ninja* fue desarrollado en primer lugar como una serie de cómics. Su éxito llevó a licenciar los personajes para juguetes, dibujos animados, videojuegos, películas y otros productos. Como resultado, la marca alcanzó una aclamación internacional) (2014: 15).

en 1903 trabajando en varios metrajes y exhibiendo otras películas en algunos estados de Estados Unidos como Ohio y Pensilvania. El primer film completo que exhibieron en dicho año era *Asalto y robo de un tren* (Edwin S. Porter, 1903) y tuvo tanto éxito que en 1907 pudieron abrir otras dos salas de cine en New Castle, Pensilvania.

En 1908, los hermanos Warner obtuvieron las licencias de más de doscientos films, por lo que siguieron expandiendo su imperio. Obtuvieron tantos beneficios al conseguir los derechos de exhibición y distribución que pronto optaron por establecer su propia productora en California. Su primera producción, *My four years in Germany* (William Nigh, 1918), consiguió que recaudaran más de un millón de dólares.

En 1923, su fama se extendió por todo el territorio norteamericano y muchos actores y escritores se interesaron por esta nueva compañía, destacando la colaboración de F. Scott Fitzgerald para adaptar una de sus novelas a la gran pantalla, *Los hermosos y malditos* (William A. Seiter, 1922).

A partir de los años treinta, y durante la década de los cuarenta y cincuenta, la productora aumentó de forma exponencial el beneficio de sus producciones y contó con prestigiosos actores y actrices como Errol Flynn, Humphrey Bogart o Bette Davis, y directores como Alfred Hitchcock o Nicholas Ray. Algunas de estas famosas producciones fueron *El halcón maltés* (John Huston, 1941), *Casablanca* (Michael Curtiz, 1942), *Crimen perfecto* (Alfred Hitchcock, 1954) y *Rebelde sin causa* (Nicholas Ray, 1955).

Una nueva forma de generar beneficios apareció cuando los hermanos Warner crearon, en 1955, Warner Bros. Television y optaron por un wéstern como primera emisión por televisión en una época en la que lo que más éxito tenía en la pequeña pantalla eran las comedias.

En 1969, la productora pasó a llamarse Warner Communications y, además, en ese mismo año compró los derechos de DC Comics, incluyendo todos sus personajes clásicos. Este cambio condujo a que a lo largo de toda la década de los setenta se crearan conocidas producciones como *La naranja mecánica* (Stanley Kubrik, 1971), *Harry el sucio* (Clint Eastwood, 1971) y *El exorcista* (William Friedkin, 1975), que servirán de antesala a la creación de películas de superhéroes.

Un hecho notable es el rumbo que tomó esta productora durante la década de los ochenta, ya que añadió a su repertorio fílmico películas pertenecientes al género de los superhéroes. Destacamos, debido al estudio que vamos a llevar a cabo, las primeras películas de Superman y Batman.

En 1990, Warner Communications se fusionó con la compañía Time y se creó una de las compañías más importantes de producción, distribución y reproducción: Time Warner. Esta fusión incrementó la expansión en popularidad de esta nueva productora, permitiendo incluso la creación de un parque de atracciones Warner en Australia en 1991. Por su parte, Warner Bros. Pictures fue incrementando sus beneficios con títulos como *Uno de los nuestros* (Martin Scorsese, 1990) y *Matrix* (Hermanos Wachowski, 1999).

Con la película *Harry Potter y la piedra filosofal* (Chris Columbus, 2001), la productora batió su propio récord de beneficios, ya que fue una de las películas más taquilleras en la historia del cine hasta la actualidad. A partir de ese momento y hasta la fecha, Warner Bros. Pictures no ha cesado de lograr éxitos de taquilla como, por ejemplo, *Harry Potter y el prisionero de Azkaban* (Alfonso Cuarón, 2004), *Troya* (Wolfgang Petersen, 2004), *Million Dollar Baby* (Clint Eastwood, 2004) y *Charlie y la fábrica de chocolate* (Tim Burton, 2005).

Aspectos semióticos y culturales

Una vez mostradas las posibilidades de adaptación que ofrecen los dos medios que hemos seleccionado para este estudio, cómic y cine, en este capítulo abordaremos la definición y concepción de las herramientas que hemos utilizado para llevar a cabo el análisis del corpus seleccionado (capítulo 4).

Dentro del amplio ámbito del estudio de la imagen, la semiótica es considerada como una de las ramas más jóvenes, pues no fue hasta los años sesenta del pasado siglo cuando se consolidó como disciplina. No obstante, ya aparecen indicios de esta relativamente nueva materia a principios del siglo XX, cuando el lingüista Ferdinand de Saussure recomendaba en su *Curso de lingüística general* (1916) estudiar los signos que conforman el mundo real. A partir de esta obra, otros reconocidos lingüistas, como Wittgenstein (1889), Jakobson (1896), Hjelmslev (1899), Morris (1901), Barthes (1915) y Eco (1932), analizaron las teorías propuestas por Saussure y las reelaboraron. Así, algunos de ellos, como Hjelmslev y Jakobson, siguieron con el enfoque estructuralista de Saussure para estudiar el signo, mientras que otros, como Wittgenstein y Eco, optaron por abordar el estudio del signo desde una perspectiva pragmática. En esta línea, las primeras teorías semióticas relacionaron el signo con elementos lingüísticos y no sería hasta años posteriores cuando empezaron a surgir nuevas formulaciones en las que se consideraba que el signo no únicamente presentaba matices lingüísticos, sino que también podía ampliarse al ámbito de la imagen. Consideramos que, a partir de ese momento, la semiótica parece abrir sus líneas de investigación hacia el análisis del ámbito visual. La semiótica visual nace, por tanto, como respuesta a la necesidad de analizar imágenes y cualquier elemento de carácter visual. Algunos autores, como Naville (1904) o Barthes (1915), desarrollaron teorías semióticas de la imagen basadas en los estudios semióticos previos de Saussure y Hjelmslev (Santaella, 2003: 26).

Así como entendemos las palabras como las unidades que representan el lenguaje escrito y oral, las imágenes son las unidades de representación del lenguaje visual. En este sentido, en el caso que nos ocupa el signo será considerado como la herramienta para representar las imágenes, puesto que el estudio del corpus que vamos a analizar está basado en un enfoque semiótico-cultural aplicado al ámbito audiovisual, como es el caso del cómic y el cine. Así, abordaremos este estudio desde la semiótica, concretamente desde el enfoque que siguió Peirce. Consideramos oportunas sus teorías semióticas aplicables a lo visual y, del mismo modo, los enfoques culturales basados en la semiótica que se pueden extraer de ellas. Así, a continuación, comentaremos sucintamente las bases teóricas de los enfoques semióticos de Peirce y observaremos las diferentes caracterizaciones del signo que presenta en sus estudios. Después, abordaremos los aspectos semióticos más relevantes en la actualidad, los cuales han sido recogidos por algunos autores a partir de los postulados de Peirce, y los utilizaremos para llevar a cabo el análisis del corpus seleccionado, como el uso del color, los contrastes, etc. Por último, aportaremos una revisión, y posterior clasificación, de los referentes culturales que estarán presentes en este trabajo.

1
Charles S. Peirce

1.1 BIOGRAFÍA[1] Charles Sanders Peirce nació el 10 de septiembre de 1839 en Cambridge, Massachussets (Estados Unidos). Fue su padre quien le introdujo en el conocimiento matemático que posteriormente utilizaría para formular sus teorías sobre la realidad y los mecanismos del mundo. Por este motivo, gran parte de sus trabajos tienen su base en la aplicación de la lógica y la matemática pura. En 1959 se licenció en Matemáticas por la Universidad de Harvard y cursó un máster en Química. A finales de 1879 se incorporó a la John Hopkins University para dar clases de lógica, aunque, debido a su modo de enseñar y a la rígida estructura jerárquica de la universidad, la abandonó en 1884. A partir de entonces se retiró de

---

1 Esta breve introducción a la biografía de Charles S. Peirce ha sido extraída del texto de Karina Vicente incluido en su obra *Seis semiólogos en busca del lector* (1999).

la vida universitaria para centrarse en la producción de sus teorías filosófico-lingüísticas, hasta el momento de su muerte, en 1914.

A lo largo de su vida no publicó ninguna obra reseñable, pero tras su muerte se le atribuyeron numerosos artículos científicos basados en la lógica y en la metodología científica. Según escriben Vicente y Zecchetto (1999: 41), toda la obra de Peirce estaba dividida en artículos y anotaciones, hasta que en 1931 Charles Hartshorne y Paul Weiss recopilaron todos estos documentos en unos volúmenes llamados *Collected Papers of Charles Sanders Peirce* (1931), editados e impresos por Harvard University Press. Una nueva edición de estos volúmenes apareció editada por Indiana University Press en 1997, con una ampliación de los documentos y nuevas anotaciones.

Una de las obras de Charles S. Peirce que se deben destacar es *The Correspondence Between Charles Peirce and Lady Welby* (1977), pues se trata de una recopilación de las cartas que ambos mantuvieron periódicamente y en las que Peirce le explicaba, de manera concisa y menos obtusa que en sus anotaciones y artículos, sus investigaciones sobre semiótica y lógica matemática. En estas cartas, Peirce no solo exponía sus nuevas teorías, sino que también reflejaba sus sentimientos en relación con su concepción del mundo, a la vez que intentaba instruir a lady Welby en las teorías pragmatistas.

1.2 TEORÍAS SEMIÓTICAS Como hemos señalado antes, Peirce reformuló sus estudios de lógica y los adaptó para crear sus teorías semióticas, por lo que se inscribe en la tradición pragmatista de la semiótica. Su máxima se centra en la universalidad del pensamiento, es decir, en la idea de que el pensamiento humano debería estar unificado y respaldado por la ciencia. A su vez, las teorías semióticas de Peirce se crearon a partir del concepto de *semiosis*,[2] es decir, el proceso que tiene lugar en la mente del interpretante de un signo, lo cual, a su vez, hace que el signo se conforme como signo en sí mismo. El autor define el signo de la siguiente forma:

---

2 «La semiosis es un proceso que incluye la representación mental del objeto mediante el signo que produce triádicamente el efecto intentado o apropiado del signo; la semiosis es la acción producida del signo, lo que genera y la manera cómo se relacionan las cualidades o propiedades del signo, el signo en sí y el efecto que a su vez genera otro signo» (Karam, 2014: 3).

La palabra *signo* será usada para denotar un objeto perceptible, o solamente imaginable, a un inimaginable en un cierto sentido. [...] Para que algo sea un signo, debe «representar», como solemos decir, otra cosa, llamada su objeto, aunque la condición de que el signo debe ser distinto de su objeto es, tal vez, arbitraria, porque, si extremamos la insistencia en ella, podríamos hacer por lo menos una excepción en el caso de un signo que es parte de un signo. [...] Si un signo es distinto de su objeto, debe existir, sea en el pensamiento o en la expresión, alguna explicación, algún argumento, algún otro contacto, que muestre cómo el signo se representa al objeto o al conjunto de objetos a que refiere (1986: 24).

A partir de este proceso, el signo cumple su función de construir un efecto en la persona que lo interpreta. No obstante, Peirce crea el concepto de *semiosis ilimitada* (Karam, 2014: 3), pues el efecto que tiene un signo, y su posterior interpretación, nos conducirá a la manifestación de otro proceso en el que otro signo deberá cumplir su función de generar un efecto y de ser representado. De esta forma, su teoría del signo nos resulta más cercana a la semiótica visual que la propuesta de Saussure referida al binomio significado-significante, desarrollada en su obra *Curso de lingüística general* (1945), pues esta última concepción del signo reduce el proceso de interpretación de la semiosis al signo lingüístico. En palabras de Peirce:

Un signo, o representamen, es algo que, para alguien, representa o se refiere a algo en algún aspecto o carácter. Se dirige a alguien, esto es, se crea en la mente de esa persona un signo equivalente o, tal vez, un signo aun más desarrollado. Este signo creado es lo que yo llamo el interpretante del primer signo. El signo está en lugar de algo, su objeto. Está en lugar de ese objeto, no en todos los aspectos, sino solo con referencia a una suerte de idea, que a veces he llamado el fundamento del representamen (1986: 22).

En consecuencia, el modelo semiótico de Peirce se basa en divisiones y subdivisiones triádicas debido, principalmente, a su bagaje de estudios de lógica.[3] En una primera aproximación a la categorización del signo, y partiendo de las anotaciones del propio Pierce y

---

3 «Peirce es uno de los que más han colaborado en la simbolización y matematización de la lógica; es uno de los pioneros de la lógica simbólica o lógica matemática» (Beuchot, 2014: 35).

de las puntualizaciones que Zecchetto y Karam presentaron en sus publicaciones dedicadas a la semiótica, Peirce (1986: 25-37) divide triádicamente el proceso mediante el cual se construye la representación del signo en directa relación con el representante de la siguiente manera: primeridad, segundidad y terceridad. A su vez, el autor crea otras tres divisiones triádicas del signo según el enfoque analítico del que se considere. Así, si consideramos el signo como un mero portador de cualidades o leyes generales, Peirce lo divide en *cualisigno*, *sinsigno* y *legisigno*. Otra de las divisiones propuestas se basa en la relación del signo con el objeto al que representa o con el interpretante de dicho signo, y está conformada por los términos *icono*, *índice* y *símbolo*.[4] Finalmente, un signo puede ser clasificado, según la representación que un interpretante realice de este, en *rema*, *proposición* o *argumento*. A continuación, presentaremos todas estas subdivisiones y cómo se define y se estructura el signo a partir de las teorías semióticas peirceanas. No obstante, cabe destacar que únicamente haremos uso de una de las subdivisiones comentadas, la que divide el signo en *icono*, *índice* y *símbolo*.

1.3 **EL SIGNO Y SU APLICACIÓN A LO VISUAL** Peirce aplica sus estudios de lógica matemática a la concepción del signo para derivar las múltiples categorizaciones y divisiones que propone de este. Inicialmente, este semiótico definió el signo como «algo que está en lugar de otra cosa bajo algún aspecto o capacidad» (1986: 22). No obstante, en años posteriores reformuló esta definición para entender el signo de la siguiente manera: «... a sign therefore is an object which is in relation to its object on the one hand and to an interpretant on the other, in such a way as to bring the interpretant into a relation to the object, corresponding to its own relation to the object»[5] (Grupo de Estudios Peirceanos, 2004). Según esta última definición, cualquier signo estará formado por un representamen, entendido como la idea del objeto que se representa o el signo en sí mismo; el objeto, es decir, el concepto al cual el signo hace referencia, y, finalmente, el interpretante, aquella información interpretada a

---

4 Esta división, según nuestra percepción, es la más conocida, pues los términos que la conforman se utilizan con mayor asiduidad.

5 «... un signo es, por tanto, un objeto que está en relación con su objeto y, por otra parte, con su interpretante, de forma que lleva al interpretante a una relación con el objeto, correspondiendo a su propia relación con el objeto».

partir de la intención del signo o, en otras palabras, la representación que sirve de mediación entre signo y objeto. Sin embargo, estos tres elementos conforman una compleja relación sígnica. Por otro lado, como explica Zecchetto:

> Si analizamos esta relación triádica, podemos observar que los elementos que la componen comparten una serie de funciones para categorizar la realidad. De esta forma, Peirce expone que los signos crean otros signos, llamados interpretantes, pues se forman tras el proceso de interpretación de un primer signo, en este caso, un representamen. Es por este motivo por el que un interpretante puede estar constituido por un desarrollo de uno o más signos (Vicente y Zecchetto, 1999: 52).

Peirce, en una de sus cartas a lady Welby (del 14 de marzo de 1904), expone que ha creado una división triádica enfocada a los tipos de interpretante de un signo. Esta división constituye una pieza clave en el proceso de interpretación de un signo. El primer tipo sería el *interpretante inmediato*, es decir, el significado que tiene el propio signo; se podría considerar como el concepto puro de lo que el signo representa. Se llama *interpretante dinámico* al segundo interpretante, que constituye el efecto que ese signo produce; también se entiende como «la cadena de repercusiones en la mente del sujeto» (Vicente y Zecchetto, 1999: 53). Finalmente, el *interpretante final* es el efecto que ese signo produciría de forma global, es decir, el efecto que tendría en cualquier entidad que lo interpretara siguiendo una serie de convenciones previamente establecidas.[6]

Todo este proceso mental conlleva, por tanto, la interpretación de una idea para comunicarnos con la realidad, pues la percepción de los signos es considerada por Peirce como una forma de relación directa con nuestro entorno. Por este motivo, este factor de percibir e interpretar un signo denota un proceso complejo, puesto que cada entidad puede crear una interpretación completamente diferente. Por

---

6 Este tipo de división se relaciona con los actos de habla propuestos por Austin (1911) y Searle (1932) y recogidos por Lozano en su texto *La interpretación y los actos de habla* (2010). La autora plasma esta división de la siguiente manera: «Acto locucionario: el acto de emitir una oración con determinado sentido o referencia; Acto ilocucionario: la fuerza comunicativa que acompaña a la oración, como pedir, preguntar y prometer, entre otras; Acto perlocucionario: el efecto en el receptor, ya sea sobre sus sentimientos, pensamientos o acciones».

❂

ejemplo, como afirma Zecchetto (Vicente y Zecchetto, 1999: 54), «la función de interpretante en un determinado signo puede cambiar de valencia y convertirse en un representamen de otro signo»; es decir, la interpretación que se hace de cualquier signo puede constituir la representación de otro signo. Como ejemplo podemos mencionar la función de la *batseñal* en el cielo cuando el comisario Gordon pide ayuda a Batman. Este signo representa para Batman el hecho de que alguien está en peligro y necesita su ayuda; no obstante, para cualquier habitante de Gotham, simplemente puede representar una reunión de la policía con Batman o que este superhéroe estará presente en algún evento de la ciudad.

A su vez, esta función de relacionar los signos con la percepción de la realidad y las divisiones triádicas del signo fueron acogidas por diferentes semióticos para convertirse en la base de sus estudios referentes al análisis de la imagen a partir de la semiótica. Las teorías semióticas peirceanas de lo visual contrastaban con el pensamiento estructuralista de Saussure basado en oposiciones binarias, por lo que «sustituye un pensamiento en oposiciones y estructuras que se excluyen recíprocamente por un pensamiento de acuerdo con el cual las categorías descriptivas deben ser entendidas como aspectos de los fenómenos, que pueden estar presentes al mismo tiempo en diferentes grados» (Santaella, 2003: 138). Así, una imagen cualquiera no presentará un sistema binario de oposición, tal como «arbitrario-icónico» o «figurativo-abstracto» (Santaella, 2003: 27), sino que ambas opciones dentro de un mismo sistema binario se considerarán posibles en el seno de una misma imagen. Este planteamiento, además, no solo dará lugar a entender el signo como visual o lingüístico, sino que, tal y como consideramos, propiciará las bases para la creación del signo lingüístico-visual; es decir, un signo que abarque ambos ámbitos y confluya en estudios en los que la palabra y la imagen van unidos. Teorías semióticas de la imagen como la de Thürlemann afirman lo siguiente:

> El hecho de que a un texto individual de imágenes lo preceda, con frecuencia, un texto lingüístico de contenido comparable, de que un texto de imágenes ilustre un texto lingüístico, no es un argumento contrario a la autonomía discursiva del texto de imagen. Esto porque, incluso cuando el conocimiento del texto lingüístico debe presuponer la compresión de la imagen, es discutible que el sentido del texto lingüístico deba precisarse o corregirse por comentarios del texto de imagen que lo ilustra (1990: 11).

Esta nueva concepción del signo, defendida y respaldada por semióticos como Lindekens (1927), Metz (1931) y Eco (1932), sentará las bases para el estudio de un medio audiovisual que combina, precisamente, palabra e imagen: el cómic.

1.4 PRIMERIDAD, SEGUNDIDAD, TERCERIDAD Como anticipábamos antes, Peirce creó una primera división en la que la realidad podía ser comprendida a partir de tres categorías diferentes: la primeridad, la segundidad y la terceridad. A continuación, las expondremos brevemente, puesto que sentarán las bases para las diferentes categorizaciones del signo y, a su vez, nos servirán como base teórica del presente estudio para cumplir con el objetivo de dar cuerpo a un marco teórico que englobe los procesos de adaptación del cómic a la gran pantalla.

La primeridad constituye «todo cuanto tiene posibilidad de ser, real o imaginario» (Vicente y Zecchetto, 1999: 46), es decir, se trata del concepto abstracto, el ser en su generalidad. De esta forma, la primeridad engloba la modalidad pura, es decir, objetos sin ningún tipo de interpretación y que, a su vez, no dependan de ninguna condición externa (Vicente y Zecchetto, 1999:47). La segundidad se podría definir como la aplicación del objeto abstracto (primeridad), es decir, el momento que conlleva el encuentro entre el objeto en estado puro y la percepción del interpretante, de forma que aparezca un esfuerzo para interpretarlo (Vicente y Zecchetto, 1999: 48). Finalmente, la terceridad se basa en «la relación triádica entre el signo, su objeto y el pensamiento interpretante, que es un signo en sí mismo, considerado como un constituyente del modo de ser de un signo» (Vicente y Zecchetto, 1999: 49). Se trata, por tanto, del proceso de relación entre la segundidad y la primeridad. En la misma línea, Santaella (2003: 139) argumenta, tras el análisis de esta división, lo siguiente:

> La primeridad es la categoría de la presencia inmediata, del sentimiento irreflexivo, de la mera posibilidad [...]; la segundidad es la categoría de la confrontación, de la experiencia en el tiempo y en el espacio [...]; la terceridad es la de la mediación, de la costumbre, del recuerdo, de la continuidad, [...] de la semiosis, de la representación o de los signos.

A partir de estos tres procesos, Peirce dividió el signo teniendo en cuenta tres premisas: la relación del signo consigo mismo, la relación del signo con el objeto al que hace referencia y la relación del signo con el interpretante. A continuación, describiremos detenidamente esta división triádica que, a su vez, se subdivide en otras tres triadas.

1.5 CUALISIGNO, SINSIGNO Y LEGISIGNO Si se analiza la relación del signo consigo mismo, se obtiene una división triádica basada en los procesos de representación de la primeridad. De esta orma, el signo puede ser:

- Un *cualisigno*: se trata de la representación de la cualidad de la entidad a la que se alude, es decir, la esencia del signo, pero sin llegar a ser completo. «No puede actuar verdaderamente como un signo hasta que no esté formulado; pero la formulación no tiene relación alguna con su carácter en tanto signo» (Pierce, 1986: 29).
- Un *sinsigno*: se define como la particularidad del signo, es decir, un sinsigno se basa en uno o varios cualisignos a los que se les han atribuido ciertas cualidades, si bien «esos cualisignos son de una naturaleza peculiar y solo forman un signo cuando están efectivamente formulados o encarnados» (Peirce, 1986: 29). Se trata de la percepción del signo como entidad completa.
- Un *legisigno*: tiene que ver con la convención o norma sobre la cual se establece el sinsigno, es decir, la puesta en práctica de la particularidad del signo. Según esta definición, cualquier signo establecido convencionalmente es un legisigno; dicho de otro modo, «[no] es un objeto único, sino un tipo general que, como se ha acordado, será significante» (Peirce, 1986: 30).

1.6 ICONO, ÍNDICE Y SÍMBOLO Tras un análisis del signo en directa relación con el objeto al que representa, se obtienen las tres divisiones del signo que serán analizadas a continuación. Estas divisiones están claramente relacionadas con los medios expresivos que son tanto el cómic como el cine, pues ambos están basados en imágenes y, como todo elemento visual, cada imagen representa algo que debe ser interpretado por un receptor.[7]

---

7 Este receptor es conocido como interpretante (véase el apartado dedicado a las teorías del signo de Peirce y su aplicación a los medios audiovisuales).

- *Icono*: el signo se relaciona con el objeto debido a su semejanza y similitud con este. Peirce define el icono como una imagen mental (Vicente y Zecchetto, 1999: 57), puesto que el interpretante del signo crea una imagen en su mente que relaciona con el signo que percibe; se trata, por tanto, de una relación física entre el signo y el objeto que indica. Como señala Peirce, «cualquier cosa, sea lo que fuere, cualidad, individuo existente o ley, es un icono de alguna otra cosa, en la medida en que es como esa cosa y en que es usada como un signo de ella» (1986: 30). Un claro ejemplo de icono podría ser una fotografía o una pintura, ya que ambos casos representan un signo que refleja una realidad basada en la semejanza. En este caso, cualquier elemento, ya sea real o imaginario, puede constituir un icono. En el caso que nos ocupa, un ejemplo evidente de icono sería un fotograma que adaptara una viñeta del cómic en el que se basa, de forma que se cree una relación de similitud visual. Como añade el autor, «las fotografías, especialmente las instantáneas, son muy instructivas, porque sabemos que, en ciertos aspectos, son exactamente iguales a los objetos que representan» (1986: 48).
- *Índice*: este signo es aquel que representa directamente al objeto, por lo que se considera como una representación neutra del objeto. Como comenta Zecchetto (Vicente y Zecchetto, 1999: 59), el índice es, por tanto, un indicador del objeto representado. En este caso, el propio signo tiene las mismas características intrínsecas que el objeto representado. En palabras de Peirce, «en consecuencia, un índice implica alguna suerte de icono, aunque un icono muy especial; y no es el mero parecido con su objeto, aun en aquellos aspectos que lo convierten en signo, sino que se trata de la efectiva modificación del signo por el objeto» (1986: 30). Uno de los ejemplos más utilizados para reflejar este concepto es el humo, ya que constituye un índice que indica la presencia de fuego. Como hemos mencionado anteriormente, otro claro ejemplo de índice sería la conocida *batseñal*, la cual indica que se precisa la ayuda de Batman.
- *Símbolo*: se trata de un signo al que se le ha otorgado un significado arbitrario, ya sea por una ley o por una convención previamente establecida (Vicente y Zecchetto, 1999: 61). En este caso, un símbolo se relaciona con un legisigno, pues ambos se rigen por convenciones establecidas. Como enuncia Peirce, a través de la asociación o de otra ley, el símbolo estará «indirectamente

afectado por aquellas instancias y, por consiguiente, involucrará una suerte de índice, aunque un índice de clase muy peculiar» (1986: 31). Por otra parte, este autor llamó a los signos simbólicos *representamens*, pues son los signos que, en la praxis, representan la información del signo de forma comunicativa. Se podría entender que los símbolos son aquellos signos que, tras el proceso de interpretación, representan la auténtica naturaleza del signo al que hacen referencia. Ejemplos de símbolos serían los logotipos de los personajes de Superman y Batman, pues cualquier interpretante de estos símbolos puede reconocer que se refieren a estos dos superhéroes, respectivamente.

1.7 REMA, PROPOSICIÓN Y ARGUMENTO Siguiendo con su idea de división triádica, Peirce divide el signo también según su interpretante. En este caso, esta subdivisión se relaciona con los dos ámbitos del presente trabajo (cine y cómic) debido a la pieza clave que constituye el receptor de ambos, tanto el lector de cómic como el espectador de una película. A partir de esta división, además, podrían surgir estudios de recepción tanto del cine como del cómic, propuesta que comentaremos al final del presente trabajo:

- *Rema*: se trata de la forma abstracta del signo, sin el aporte de ninguna otra cualidad. Se define, por tanto, como la existencia real del signo. En palabras de Peirce, «un rema es un signo que, para su interpretante, es un signo de posibilidad cualitativa, vale decir, se entiende que representa tal o cual clase de objeto posible» (1986: 31). Por ejemplo, una imagen de la mansión de Bruce Wayne podría constituirse como rema, pues si no conocemos de antemano que se trata del hogar de este personaje y se nos presenta en la historia, cualquier lector de cómic podría pensar que se trata de una mansión como pudiera ser cualquier otra.
- *Proposición*: también llamado dicisigno, se basa en el contenido concreto que representa el signo, como, por ejemplo, un nombre propio. También se conoce como la matización de un signo, en palabras de Peirce (1986: 33). Ejemplos de proposiciones los encontramos en los nombres propios de los superhéroes escogidos en este estudio, pues si bien Batman y Superman son los nombres por los que se conoce a estos dos personajes, también pueden ser reconocidos por los de sus propios *alter egos*, Bruce Wayne y Clark Kent, respectivamente.

– *Argumento*: signo que conlleva un proceso argumentativo por parte del interpretante. Se corresponde con el momento final en el que un signo es interpretado y comprendido (Peirce, 1986: 36). Un claro ejemplo de un argumento podría ser una viñeta de cómic en la que se nos presentara a Superman cerca de la kriptonita. Esta viñeta, constituida como signo, representaría la pérdida de poderes de este superhéroe, pues el lector, conocedor de este hecho, podría interpretar y comprender que Superman pierde sus fuerzas cuando se encuentra cerca de este mineral.

2
Aplicación de las teorías semióticas de Charles S. Peirce

Para finalizar con la parte dedicada a la semiótica, y con objeto de completar el repaso teórico que precede a la sección analítica, abordaremos en este apartado la forma en la que diversos autores han adaptado las fórmulas y teorías propuestas por Peirce para crear sus propias concepciones del signo. En todos los casos, la imagen es la figura central que vertebra el estudio del signo y, como sucede con Eco, Groupe µ o Muro, entre otros, estará enfocada al estudio del cómic como elemento semiótico. Por tanto, hemos considerado conveniente presentar sucintamente a estos autores, debido, principalmente, a la aplicación de las teorías semióticas de Peirce en sus estudios e investigaciones, para, seguidamente, exponer sus teorías sobre el cómic y la semiótica.

2.1 UMBERTO ECO[8] Reconocido estudioso y divulgador de filosofía, sociología y semiótica, empezó a publicar en 1959 muchos de sus artículos basados en la semiótica, los cuales recogen las bases teóricas de Charles. S. Peirce. En 1962, Eco llega a la Universidad de Turín como profesor y allí impartirá materias relacionadas con la filosofía y la semiótica. Ya totalmente inmerso en el ámbito de la semiótica, organizó el Primer Congreso Internacional de Semiótica

---

8 La información sobre Umberto Eco se ha obtenido, al igual que la de Peirce, del texto publicado por Karina Vicente en la obra *Seis semiólogos en busca del lector* (1999). Por otra parte, destacamos la presencia de este autor pues, aunque no aplicamos sus teorías semióticas en nuestro análisis, merece una mención especial debido al uso que da a las teorías semióticas de Peirce y su estrecha relación con el cómic.

en Milán en 1974. A partir de este momento, su nombre se extendió por todo el mundo y pasó a ser considerado uno de los padres de la semiótica moderna. A su vez, a los cincuenta años, Eco compaginó sus investigaciones académicas con la escritura novelística, lo que dio como fruto prestigiosas obras como *El nombre de la rosa* (1980) y *El péndulo de Foucault* (1984).

2.1.1 *LAS TEORÍAS SEMIÓTICAS DE UMBERTO ECO* Según Eco, vivimos en un mundo conformado por signos. Cualquier entidad o cosa es parte de uno o varios signos que pueden ser interpretados. En su obra *Signo*, el autor ejemplifica una escena en la que un hombre, incluso viviendo en el campo y aislado del mundo, encontraría signos que representaran algo: «… el color de las hojas le anunciaría el cambio de estación, una serie de franjas del terreno que se perfilan a lo lejos en las colinas le diría el tipo de cultivo para el que es apto...» (1994: 10). En este sentido, para estudiar y analizar el signo también se debe analizar el mundo, pues todo aquello que nos rodea está formado por signos que nos ofrecen una cierta información, ya sea de forma directa o indirecta.

La aportación semiótica de Eco se desarrolla a través de dos canales a primera vista distantes, pero que, a lo largo de su análisis y estudio, se consolidan como ámbitos correlacionados dentro del campo de la semiótica. El primer canal lo conforman los estudios culturales y su relación con la lingüística; así, según el autor, «todo interpretante de un signo es una unidad cultural o unidad semántica. Estas unidades se constituyen de manera autónoma en una cultura, en un sistema de oposiciones» (1994: 177). El segundo canal se basa en la semiótica heredada de los estudios realizados por Peirce, basados, principalmente, en la lógica matemática, como antes se ha explicado. Por esta razón, se considera la semiótica de Eco como una semiótica de carácter cultural, puesto que relaciona el signo con la lingüística puesta en práctica: «… [l]a semiótica es la disciplina que estudia las relaciones entre el código y el mensaje, y entre el signo y el discurso. [...] La semiótica no es solamente una teoría; ha de ser también una forma de la praxis» (1994: 19-20). En este sentido, como comenta Santaella (1992: 431), la semiótica de Eco se constituye como materia capaz del estudio de toda clase de signos, no solamente de los lingüísticos. Este relativo nuevo enfoque para entender el signo constituye un giro en los estudios semióticos, pues desde sus inicios hasta mitad del siglo XX, con autores como Hjelmslev (1899) y Jakobson (1896), seguidores de las teorías semióticas de Saussure, el signo que conformaba el objeto de estudio era eminentemente lingüístico, como se ha comentado antes. Así, esta visión de una inédita clase de signo abre nuevos debates sobre los límites de los estudios de la semiótica.

2.1.2 *EL SIGNO SEGÚN ECO* Según las teorías semióticas de Eco, el signo es considerado como una herramienta para «transmitir una información, para decir, o para indicar a alguien algo que otro conoce y quiere que lo conozcan los demás también» (1994: 21). A partir de esta definición, podemos entender la consideración del signo desde dos perspectivas: la primera de ellas sería el signo como proceso de comunicación, puesto que ese mismo signo conforma un mensaje formulado por un emisor para ser interpretado por un receptor. A lo largo de este proceso es el signo, o conjunto de signos, el que conforma el mensaje en su totalidad. No obstante, el signo también constituye un proceso de significación, pues entre el emisor y el receptor debe haber un código que permita descifrar e interpretar el mensaje; por tanto, «la caracterización del signo como tal depende de la existencia de un código» (1994: 36). Así, el signo se convierte en un elemento de representación comunicativa y significativa que tiene su base en el concepto de código. De esta forma, Eco denomina a la interpretación de un signo *descodificación* y no propiamente *interpretación*, tal y como formuló Peirce.

Siguiendo la perspectiva semiótica de Eco, el signo es, por tanto, portador y representante de elementos culturales, ya que una cultura queda definida como una cadena de signos relacionados por un mismo hilo conductor. Además, «toda cultura se considera como un sistema de signos en el que el significado de un significante [...] se convierte en significante de otro significado o incluso en significante del propio significado» (1994: 187).

Eco (1994: 36) expone la existencia de una primera división, que predominó en los inicios del estudio del signo, en la que un signo podría ser natural o artificial. El primero de ellos respondería a las características de ser un signo emitido de manera inconsciente o espontánea por un emisor, de forma que no haya ningún rastro de intencionalidad. El segundo, por el contrario, sí posee el matiz de ser intencionado, pues dicho signo ha sido producido por un emisor de forma consciente y con alguna finalidad.

No obstante, Eco reformula la división binómica de estos signos y pasa a llamarlos signos comunicativos y signos expresivos. Según el autor, «los primeros estarían codificados (existen reglas que establecen una correspondencia convencional entre significado y significante) [y] los segundos serían comprensibles por intuición, escaparían a la posibilidad de codificación» (1994: 41). Tal y como podemos observar y como se ha mencionado anteriormente, el concepto de *código* es esencial para entender el signo y todos los estudios semióticos de Eco, puesto que sin unas convenciones previas entre emisor y receptor, no habría lugar para una decodificación sígnica.

Por otra parte, Eco recoge la división de los signos propuesta por Peirce en relación con los objetos que representan y la modifica, pues comenta que las definiciones de *iconos, índices* y *símbolos* pueden plantear dificultades en su comprensión debido a su complejidad de significación. Por una parte, existe una delgada línea de diferenciación entre los iconos y los índices, y Eco lo ejemplifica mediante el recurso de una fotografía: «… una fotografía no solamente representa un objeto, de la misma manera que puede hacerlo un dibujo, sino que constituye implícitamente su huella y funciona como el círculo de vino que queda sobre la mesa y que testimonia la presencia de un vaso» (1994: 59). De esta forma, el autor pone en duda el proceso de representación de un signo cuando este hace referencia a su objeto de forma directa, ya que una conexión física como la que representa un índice también se da en los iconos, mediante los que se representa no únicamente una similitud física, sino también una semejanza de sus propiedades.

Finalmente, en su obra *El cómic hispánico*, Merino recoge una reflexión sobre Eco que nos parece pertinente compartir en este punto debido a la información resumida que aporta de sus teorías, previamente presentadas en este apartado, y que servirá, además, como cierre al repaso de dicho autor:

> De los cómics destacaba que en ellos se podían estudiar aspectos como la sucesión cinematográfica de las tiras, su ascendencia histórica, su relación con el cine, sus posibilidades narrativas, la unión o armonía entre palabra y acción gráfica, las innovaciones en la técnica de la onomatopeya o las posibles influencias pictóricas precedentes. Además, destacaba que con el cómic nacía un nuevo repertorio iconográfico, que tenía a su vez la capacidad de visualizar la metáfora verbal. Se preocupaba por analizar el lenguaje del cómic destacando una iconografía tan característica que le hacía reivindicar una semántica del

cómic, siendo el elemento fundamental de dicha semántica el signo convencional del bocadillo, y también mencionaba la importancia de los recursos onomatopéyicos. Otro de los aspectos que destacaba era que los elementos semánticos se componen de lo que él llama una gramática del encuadre característica de cada autor, y será la relación sucesiva de los encuadres la que genere una serie de leyes de montaje (2003: 83-85).

2.2 EL GROUPE μ Agrupación académica perteneciente a la Universidad de Lieja en activo desde 1967 y célebre por sus trabajos interdisciplinares sobre semiótica, retórica y comunicación visual, recoge las teorías de Peirce y las adapta y modifica entendiendo que, en el plano de la semiótica, existen dos elementos clave que configuran el análisis de un objeto visual:

> Para que se pueda hablar de semiótica, hacen falta dos planos –el de la expresión y el del contenido, segmentados siguiendo reglas que varían con cada semiótica particular– y que estos planos se correspondan. En una semiótica visual, la expresión será un conjunto de estímulos visuales, y el contenido será, simplemente, el universo semántico (Groupe μ, 1993: 41).

En este sentido, aunque se parte de la división triádica del signo propuesta por Peirce, el Groupe μ se centra, principalmente, en los dos aspectos arriba mencionados. A partir de este momento, las imágenes serán el eje central de los estudios de semiótica visual, los cuales se vendrán aplicando a las propias características del cómic. Por otra parte, este grupo también recoge, y critica, algunas de las propuestas semióticas de Eco:

> Las críticas formuladas por Umberto Eco estaban dirigidas esencialmente a la relación icónica; no habría que olvidar, no obstante, que su precisión dependía del valor atribuido a los elementos comprometidos en esta relación, pues si las definiciones ingenuas del iconismo pecan de algo, es sobre todo de la ingenuidad con la que describen el objeto llamado a conocer los honores de la iconización: la idea de una «copia de lo real» es ingenua porque también lo es la idea misma de lo real (Groupe μ, 1993: 115).

Así, se pone de manifiesto la dificultad de establecer normas para concretar y delimitar qué es un icono, qué alcance tiene dicho elemento y cómo se configura a partir de, por ejemplo, una imagen. Si bien es cierto que en el presente trabajo entendemos el icono utilizando el sentido inicial que le otorgó Peirce en sus teorías semióticas, no dejaremos pasar la oportunidad de debatir algún ejemplo en el que su establecimiento como icono puede presentar alguna dificultad y, por consiguiente, confundirse con alguna de las otras dos derivaciones de un signo: un índice y un símbolo. En este sentido, y para profundizar en las teorías semióticas propuestas por el Groupe μ, vamos a atender a dos aspectos que, aunque directamente relacionados, requieren una explicación por separado. En primer lugar, hablaremos de la concepción de la semiótica visual que tenía este conjunto de semióticos, ya que en nuestro análisis del corpus vamos a aplicar conceptos desarrollados por ellos, como, por ejemplo, el *contraste* y la *iluminación* de la imagen; en segundo lugar, analizaremos el papel que desempeña el color dentro de la propia semiótica visual, puesto que este elemento tiene una destacable relevancia en este libro.

2.2.1 *LA SEMIÓTICA VISUAL* Como hemos comentado anteriormente, el Groupe μ centra su atención en los planos de la expresión y del contenido, por lo que, al analizar cualquier imagen, tendremos en cuenta no solo las características formales de dicha imagen, sino todo lo que puede llegar a representar. En consecuencia, según su experiencia semiótica, existen dos tipos de signos visuales: «... los signos que llamaremos icónicos –siguiendo la tradición– y los que llamaremos plásticos» (1993: 99). La definición que se propone de *signo icónico* es la siguiente:

> Signos icónicos (visuales) equivalentes pueden manifestarse bajo apariencias diversas: tal foto puede ser más o menos borrosa, tal plano de la ciudad puede organizar los colores de una manera diferente a tal otro, con grano y papel distintos, dos pintores pueden emplear diferentemente la pintura que utilizan en dos obras figurativas (1993: 99).

Por otra parte, los signos plásticos se configuran a partir de las otras dos divisiones del signo propuestas por Peirce, es decir, si los signos icónicos se relacionan con el icono, los signos plásticos estarán en relación con el índice y el símbolo: «... en el caso de lo plástico, podemos interrogarnos a propósito del lugar que ocuparía en una clasificación de los signos como la de Peirce: ¿índice?, ¿símbolo?, ¿los dos?» (1993: 100). La definición de estos dos conceptos continúa de la siguiente forma: «… el signo plástico significa sobre el modo del indicio o del símbolo, y que el signo icónico tiene un significante cuyas características espaciales son comparables con las del referente» (1993: 107). De estas definiciones se desprende que, dentro del pensamiento semiótico del Groupe μ, existe una clara diferencia entre iconos, por un lado, e índices y símbolos, por otro, pues, aunque todos ellos son signos, parecen situarse en distintos planos de la representación.

En este punto de la explicación creemos conveniente hablar del contexto en el que se sitúa una imagen (signo), ya sea viñeta o fotograma, puesto que tendrá una influencia en el receptor y, a su vez, aportará información necesaria para su interpretación. Como expresa el Groupe μ, «[c]uando yo muestro un objeto para hacer de él un signo, lo despojo de algunas de sus funciones y reorganizo el repertorio de sus características: es un contexto dado (en el que intervienen reglas lingüísticas, sociales, gestuales, etc.) el que opera esta modificación» (1993: 129). A partir de esta anotación, hemos considerado necesario tener en cuenta el contexto de las imágenes seleccionadas para el análisis llevado a cabo, principalmente dentro de la historia en la que se enmarcan, pues creemos que las características de cada imagen vienen dadas por dos elementos: el medio en el que aparecen y la historia o trama en la que se representan.

Para finalizar, destacamos un último elemento clave en la semiótica visual necesario para su análisis. Se trata del propio receptor de la imagen y el efecto que le puede producir esta una vez interpretada: «… toda figura produce un efecto, y es incluso a través de este como las figuras han sido descritas, analizadas y clasificadas» (1993: 256). Este efecto es el que nos interesa en nuestro estudio, pues tanto viñetas como fotogramas son signos que tienen un efecto en el receptor que está ligado al significado del *ethos*.[9] Consideramos que se trata, pues, de unir el significado del signo con su interpretación, por lo que las posibilidades de representación son incontables, ya que también pueden ser incontables las interpretaciones de un mismo signo. Como constata el Groupe μ:

---

9 El *DRAE* define este concepto como «conjunto de rasgos y modos de comportamiento que conforman el carácter o la identidad de una persona o una comunidad» (2021). En el caso que nos ocupa, el *ethos* hace referencia al efecto que una viñeta o un fotograma puede producir en un lector o un espectador.

La producción del *ethos* es, con toda seguridad, un fenómeno complejo, psicológico, y por lo tanto individual, basado al mismo tiempo en
una estructura mítica colectiva –la cultura– y en estímulos semióticos precisos: la figura y lo que le rodea. Fenómeno que se complica
todavía más si, además, se hace intervenir el juicio de valor, el cual
se superpone tan bien a la descripción del efecto que se vuelven a
menudo indisociables (1993: 256).

Una vez repasados sucintamente algunos de los aspectos más relevantes de la semiótica visual, pasamos al análisis del color, cómo
se configura en una imagen y qué efectos tiene sobre ella, pues se
trata de un aspecto que aparece de forma recurrente en el análisis
llevado a cabo y, por tanto, se configura como elemento clave en el
presente trabajo.

2.2.2 *EL COLOR* La aplicación del color a la imagen es uno de los
principales elementos de análisis en el presente trabajo. Así, tiene
un papel esencial en el caso que nos ocupa, puesto que nos vamos
a referir de forma continua al color que presentan tanto las viñetas
como los fotogramas seleccionados para llevar a cabo el análisis del
corpus de trabajo. Por este motivo, vamos a presentar algunos pre-
supuestos sugeridos por el Groupe μ centrados, principalmente, en
la perspectiva teórica sobre el color, puesto que dichas teorías nos
servirán de marco a partir del cual analizar los aspectos relacionados
con dicho elemento. En este caso, «la aprehensión que tenemos de
un mensaje visual coloreado depende de dos cosas: de la física de los
colores y del mecanismo de la percepción de estos» (1993: 63). Es
decir, en el ámbito del color aplicado a las viñetas de cómic, debemos
atender tanto a la combinación de las diferentes tonalidades del color como a la forma en la que el lector puede interpretarlas, hecho
que está estrechamente ligado con las teorías semióticas de Peirce
que relacionan el signo con la idea que se forma en la mente de la
persona que lo interpreta.[10]

A continuación, presentamos una de las principales divisiones de los
colores, debido, principalmente, a su uso común; se trata de la dicoto-
mía colores fríos y colores cálidos. Como apunta Bleicher, «the color

---

10   Para más información sobre la relación entre los colores y la cultura, se recomi-
enda la lectura de *Tutorial on the Importance of Color in Language and Culture* (Schirillo,
2001).

wheel can be divided into two basic areas, or groups, of warm and cool hues. The warm range is comprised of yellow, orange, red, and some hues of green. The cool hues normally include everything from blue-green to the various forms of blues and violets»[11] (2011: 66). De esta forma, a lo largo de este libro nos referiremos a esta división y a los colores que se incluyen en cada uno de los dos grupos.

Así mismo, para analizar el color, sus efectos y el papel que juega en las viñetas que hemos seleccionado, creemos necesario presentar algunos conceptos que nos sirven para explicar, de forma más detallada y específica, el caso que hemos llevado a cabo. Para ello, nos hacemos eco la siguiente afirmación del Groupe µ:

> Todo color conduce igualmente a una mezcla entre dos preceptos: por un lado, está la luz monocromática, y por el otro, la luz blanca («blanco energético»). La proporción de estas dos luces determina la saturación de los colores. Una cierta «tonalidad» corresponde a una cierta proporción de luz monocromática en la mezcla, proporción que puede acrecentarse hasta un máximo (diferente para cada color): el color está, entonces, saturado (1993: 64).

A partir de esta cita, creemos necesario tener en cuenta los conceptos de *tonalidad* y *saturación* a lo largo del análisis. En el caso que nos ocupa, la tonalidad de los colores será un elemento clave para entender cómo se representa e ilustra a los dos personajes seleccionados: Batman y Superman. A cada uno de ellos se le asignará una gama de colores y tonalidades distinta, lo cual nos lleva a pensar que su concepción también será diferente.

Por otra parte, otro concepto clave en el análisis y que vamos a exponer a continuación es el de *luminosidad*. En palabras del Groupe µ (1993: 65), este aspecto «mide la cantidad de energía radiante», es decir, la luz que se proyecta sobre las imágenes y que se combina con la tonalidad y la saturación para crear el relleno colorido de la imagen. De esta forma, se constituye toda una teoría del color fundamentada sobre una base semiótica que permitirá al cómic ser uno de sus objetos de estudio. Debemos, además, atender al carácter

---

11 «la rueda de color se puede dividir en dos áreas o grupos básicos, los tonos cálidos y fríos. El abanico de los cálidos engloba el amarillo, el naranja, el rojo y algunos tonos de verde. Los fríos incluyen todos los tonos desde el azul/verde hasta las diversas formas de azules y violetas».

✪

simbólico de los colores, que puede variar según el ámbito en el que se interprete (como signo) debido a la relación comúnmente arbitraria que se construye entre el elemento coloreado y el color que se le ha otorgado. Este mismo fenómeno fue estudiado también por el Groupe µ, quienes ofrecen una interesante observación sobre el simbolismo de los colores:

> Simbolismo de los colores, por ejemplo, que varía evidentemente según el contexto pragmático del enunciado: incluso en una cultura idéntica, el simbolismo no crea las mismas estructuras cuando se trata de la correspondencia amorosa, de la heráldica, de la propaganda política o de las vestiduras litúrgicas cristianas. Sistemas simbólicos, pero también sistemas lingüísticos, o equivalentes, que no se contentan con estructurar la percepción de los colores... En los dos casos, la relación es arbitraria y relaciona entre sí dos tipos de abstractos (1993: 176).

Llegados a este punto, presentamos un concepto de gran importancia a lo largo del desarrollo del análisis que llevamos a cabo en el capítulo 4. Se trata de los *cromemas*, es decir, las variables que presenta el propio color y, por extensión, su aplicación a cualquier imagen. A los cromemas pertenecen tres aspectos:

> [T]res variables, que llamaremos cromemas. [...] Son la dominancia [...], la luminosidad o brillantez y la saturación. Toda unidad coloreada (lo que se puede llamar «colores-sumas») se define, pues, por su posición en un espacio en tres dimensiones, estructurado por estas tres coordenadas (Groupe µ, 1993: 206).

A partir de la nueva división del color (en cromemas) que acabamos de comentar, consideramos oportuno utilizar en nuestro análisis las tres variables propuestas, de manera que podemos ampliar, de modo notable y al detalle, el análisis de las diferentes viñetas y fotogramas que hemos seleccionado. De esta forma, destacamos el hecho de que, como indica el Groupe µ (1993: 209), en cualquier imagen coexisten dos planos de interpretación del color, es decir, se configura una relación entre el propio color y los diferentes atributos que presenta este color: dominancia (referida al grado de intensidad del color), luminosidad (la proporción de blanco o negro de un color) y saturación (el grado de pureza de un color). El Groupe µ lo plantea de la siguiente forma: «... en términos semióticos hablaremos, pues, de una articulación de unidades, las primeras de las cuales están manifestadas (los colores), y las segundas son virtuales (los cromemas)» (1993: 211).

Seguimos el estudio realizado por el Groupe μ para detenernos en la psicología del color, esto es, el conjunto de ideas que un determinado lector puede interpretar de cualquier color. Como menciona Heller, «[c]onocemos muchos más sentimientos que colores. Por eso, cada color puede producir muchos efectos distintos, a menudo contradictorios. Un mismo color actúa en cada ocasión de manera diferente» (2008: 17-18). Este factor tiene una especial relevancia en nuestro caso, ya que, por una parte, está estrechamente ligado a la percepción e interpretación de los signos y, por otra, pone de manifiesto la relevancia del punto de vista tanto del lector de cómic como del espectador de una adaptación. Así, la interpretación de un color dependerá, en mayor o menor medida, del medio en el que se encuentre, puesto que «cada color está determinado por su contexto, es decir, por la conexión de significados en la cual percibimos el color [...] Un color puede aparecer en todos los contextos posibles y despierta sentimientos positivos y negativos» (Heller, 2008: 18). A su vez, Muro también comenta que «el color, constituido por el tono (el matiz que lo hace distinto a otros), se aspectualiza mediante modificaciones como la saturación (o grado de pureza de su color) y el brillo o luminosidad (o cantidad de luz que percibe el ojo al recibir un color)» (2004: 38).

Otra de las posibles interpretaciones de una imagen con color viene dada ya no solo por el propio color, sino por los cromemas que lo conforman, es decir, por su grado de intensidad, iluminación, brillo, saturación, claros y oscuros, etc. Para ejemplificar este aspecto, el Groupe μ recalca lo siguiente:

> Un color /saturado/ puede (sin dejar de intervenir en la primera pareja) significar «energía» y «fuerza», sin duda a través del término de «concentración». Si encima este color es /brillante/, remitirá a esta forma particular de energía que llamamos de buena gana «resplandeciente»: la «felicidad» (1993: 217).

Un último aspecto que hemos considerado necesario para nuestro análisis es el concepto de *contraste*. Para entenderlo, a la vez que para ponerlo en práctica en nuestro estudio, hemos recogido tres de las acepciones que aparecen en el *DRAE* (2019):

2. m. Oposición, contraposición o diferencia notable que existe entre personas o cosas. [...]

7. m. Relación entre el brillo de las diferentes partes de una imagen. [...]

8. m. Relación entre la iluminación máxima y mínima de un objeto. [...]

Si tenemos en cuenta las definiciones anteriores, podemos aplicar dicho concepto al análisis de las imágenes seleccionadas como corpus de trabajo, por lo que, tanto en las viñetas como en los fotogramas, analizaremos el contraste entre los colores y sus diferentes cromemas siempre y cuando sea relevante.

El Groupe μ (1993: 222) resalta los diferentes tipos de contrastes existentes, recogidos previamente por Itten (1978):

1. Contraste del color en sí mismo: entre colores «puros», no alterados, en el máximo de su luminosidad.
2. Contraste claroscuro: entre el blanco y el negro, o entre saturado e insaturado.
3. Contraste caliente-frío: el polo frío es el azul-verde y el polo caliente, rojo anaranjado.
4. Contraste de complementarios: cuya mezcla da el gris.
5. Contraste simultáneo: el ojo exige simultáneamente la complementariedad.
6. Contraste de calidad: entre colores rotos con negro o con blanco, o mezclados con su complementario.
7. Contraste de cantidad: por la dimensión de las manchas.

Por último, hemos de comentar un aspecto relacionado con el color y la interpretación que el receptor de una imagen pueda realizar. Se trata del concepto de *reborde*, es decir, la delimitación de la imagen. El Groupe μ (1993: 340) aporta una reflexión interesante al respecto:

El reborde no se define en ningún caso por su apariencia material, sino por su función semiótica. El reborde es un signo de la familia de los índices. Su significado podría ser glosado de la manera siguiente:

a) Todo lo que está comprendido dentro de los límites del reborde recibe necesariamente un estatuto semiótico.

b) Este conjunto de signos constituye un enunciado homogéneo, distinto de los que podrían ser percibidos en el espacio exterior a este límite.

c) La atención del espectador debe enfocarse en este conjunto. Esta función de indicación podría ser desviada en tal o en cual dirección, y enriquecida con semantismos variados por procedimientos particulares.

Lo que nos interesa resaltar es el hecho de que, principalmente, el reborde tiene la función de enmarcar la imagen, de establecer unos límites que permiten al color existir dentro de la propia imagen. El reborde, en el caso de las viñetas y los fotogramas, vendrá dado por el espacio que se le deja dentro de una misma página, en el caso del cómic, y dentro de la pantalla, en el del cine.

2.3 TENDENCIAS ACTUALES SOBRE SEMIÓTICA Y CÓMIC Este apartado lo hemos dedicado a las tendencias que relacionan la semiótica con el cómic en la actualidad, pues consideramos necesario conocer estudios pertenecientes a ambos ámbitos. Para ello, resulta pertinente mencionar la obra de Miguel Ángel Muro *Análisis e interpretación del cómic: ensayo de metodología semiótica* (2004), estrechamente ligada a este trabajo, como veremos a continuación. En este sentido, analizaremos algunas de sus propuestas, adaptándolas a nuestro caso. La importancia de este texto reside en la revisión que hace de algunas de las teorías semióticas más populares de la historia y su adaptación a uno de los medios en el que se centra este libro, el cómic, por lo que nos ha aportado nuevos enfoques que consideramos oportuno mencionar.

Uno de los autores más mencionados en la obra de Muro es Umberto Eco, puesto que, como ya se ha comentado, dedica una parte notable de su obra al estudio de la semiótica en relación con el cómic. Así lo explica Muro:

> Ya Eco, en el movimiento dialéctico con que recorrió el mundo de los medios de comunicación masivos en *Apocalípticos e integrados ante la cultura de masas* (1964), había puesto de relieve una evidencia: la existencia de un cómic no fungible como mero producto evasivo; un tipo de cómic que sustenta valores, de tipo «lírico» (Krazy Kat o Peanuts, por ejemplo) o «satírico» (los de Jules Feiffer); a esta aspiración le faltaba, para completar el cuadro, la referencia a cómics valiosos por su dibujo y estética gráfica y narrativa como los de Hogarth, Eisner o Brescia. Años más tarde, en *La estructura ausente*, animaba al estudio «semiótico exhaustivo» del cómic y otras series de mensajes dentro de lo iconográfico (2004: 17).

Como podemos observar, las investigaciones de Eco, enmarcadas dentro de una interpretación ideológica, inician el recorrido del análisis del cómic y de cómo este medio puede aportar distintas interpretaciones y ser abordado desde diferentes disciplinas. Así, «el sugestivo texto de Eco presenta interpretaciones sobre Steve Canyon, Superman y Peanuts y plantea las primeras consideraciones [...] sobre las condiciones de interpretación sistemática de los cómics» (Muro, 2004: 22).

Una vez sentadas las bases y las teorías sobre las que se apoya, Muro prosigue con su análisis del cómic como elemento artístico y, por consiguiente, como conjunto de signos: «Como modelo, el texto artístico recrea una imagen de la realidad, y en este sentido sus signos se caracterizan [...] por su valor icónico» (2004: 29). Así, el presente trabajo recoge, casi por completo, la afirmación del autor arriba mencionada; destacamos ese *casi* porque, en el caso que nos ocupa, y como ya hemos mencionado a lo largo de este capítulo, no solo tenemos en cuenta el valor icónico de los signos que conforman una viñeta de cómic, sino también los otros dos tipos de signos, a saber, el índice y el símbolo. Por otra parte, y en estrecha relación con la anterior afirmación de Muro, destacamos otra reflexión de este autor: «... la condición fronteriza del cómic y su corta historia avivan su intertextualidad más allá de lo que suele ser propio de otras artes, incluido el cine» (2004: 32). El concepto de *intertextualidad* en el cómic viene dado por la interpretación de otros textos, entendidos a su vez como signos, por lo que, a partir de la anterior afirmación, consideramos tener dicho concepto presente aquí, de forma que la imagen ilustrada de una viñeta (entendida como signo visual) se relaciona con la interpretación que el lector hace de ella. De esta forma, «en el caso específico del cómic (como en el teatro o en el cine), se ha de contemplar también el que un mismo fragmento discursivo puede servir de significante de dos o más categorías y relaciones, con las interferencias o repercusiones (y redundancias) que ello conlleva» (Muro, 2004: 74).

Por su parte, otro de los elementos clave en los estudios de Muro sobre el cómic se basa en la figura del receptor, es decir, no solo en la forma en la que un lector de cómic interpreta las imágenes que constituyen las viñetas, sino también en todo el entramado de interpretación que el propio lector lleva a cabo de las imágenes que tiene delante. Como explica el autor, «el texto estético hace que la atención del receptor se detenga en su forma y se interese por su literalidad, por su tendencia a permanecer en los propios términos en que fue configurada, por una configuración que se muestra generadora de sentidos, que los alienta, pero también encauza» (2004: 34).

Destaca, por tanto, la función visual del cómic entendido como texto artístico que debe guiar y servir de soporte al lector. Muro lo explica de la siguiente manera:

> [E]l comienzo de un texto artístico [...] tiende a ser altamente significativo, por cuanto ha de aportar las coordenadas básicas de constitución del mundo ficcional y movilizar en el receptor el interés por conocer más, por recibir más información, y ha de promover sus expectativas al respecto (2004: 40).

A su vez, y de forma complementaria a esta reflexión, Bartual (2010: 105) plantea una interesante división sobre la relación existente entre el texto y la imagen percibidos por el lector de cómics. Tal y como hemos hecho en el apartado dedicado a las subdivisiones del signo realizadas por Peirce, en este caso también vamos a exponer los tipos de relación entre texto e imagen, aunque no aparecerán de forma explícita en el análisis que vamos a llevar a cabo posteriormente. La razón es, nuevamente, que la función de esta información es la de cumplir con el objetivo de construir un marco teórico completo para el presente estudio.

De esta forma, como comenta Bartual (2010: 107), y teniendo en cuenta el objetivo de conformar un marco teórico basado en la adaptación del cómic al cine, dependiendo de la función que el texto desempeña sobre la imagen, pueden existir diferentes tipos de relaciones:

a) Imagen con función ilustrativa con respecto del texto: la imagen sirve como elemento ilustrativo y el peso recae en el texto.

b) Texto con función ecfrásica con respecto de la imagen: el texto que acompaña a la imagen es meramente descriptivo y, en ocasiones, reitera lo que ya se observa en la imagen.

c) Texto con función represiva con respecto a la imagen: existe una complementariedad de significado entre el texto y la imagen.

d) Texto con función de relevo de significación con respecto a la imagen: el texto asigna a la imagen que acompaña un significado que no está contenido visualmente en ella.

e) Texto con función rítmica con respecto a la imagen: el tiempo de lectura del texto será similar al que se tarda en observar la imagen que acompaña.

f) Texto con función de control temporal con respecto a la imagen: el texto ayuda a definir el paso del tiempo entre viñetas en el caso en el que la imagen no pueda representarlo.

g) Texto con función de sutura con respecto a la imagen: el texto aclara o define los acontecimientos que han tenido lugar entre viñetas.

h) Texto con función divergente con respecto a la imagen: el contenido del texto se aleja del contenido de la imagen, aunque forma parte del conjunto de sentido de la viñeta.

Por último, Muro comenta la configuración de la viñeta y su contenido a partir de aspectos propios de la semiótica visual como la iconicidad, el proceso de creación del dibujo y el grado de narratividad, entre otros. En este sentido, «la iconicidad en el cómic presupone el dibujo como condición *sine qua non*. [...] Se constituye a su vez mediante líneas (simples y moduladas) y manchas o rellenos (o tramas) en blanco y negro o color» (2004: 85). Así, este aspecto de la semiótica (la iconicidad) estará presente, de forma continuada, en los estudios de Muro, teniendo en cuenta la relación de los signos (a través de las imágenes de las viñetas) con los aspectos que representan. Por otra parte,

> [s]on frecuentes las realizaciones en el cómic que tratan de sugerir la profundidad, jugando, por lo general, con el grosor de la línea, los difuminados o los juegos con el color, para distinguir distancias por la nitidez de los objetos «enfocados». Los resultados son la apariencia realista y las posibilidades narrativas del montaje en la misma imagen: ofrecer varias acciones simultáneas con cierta independencia (2004: 89).

A partir de la afirmación anterior, podemos concluir que el dibujo en el cómic tiene la misión de aportar la información necesaria para que el lector la interprete a través de dos formas: por una parte, en aquellos cómics en los que no hay texto, la imagen lleva todo el peso de la narración, pues debe transmitir la información a partir de los elementos visuales que la conforman; por otra, si se presenta una combinación de texto e imagen, la transmisión de información suele estar dividida aunque, normalmente, nunca a partes iguales.

Atendiendo al ámbito de la narración, Muro confirma a través de su análisis lo siguiente:

> Si el cómic coincide con la novela como relato, se distancia de ella (y se acerca al cine [...]) en la utilización de signos globales (conformados a partir de la confluencia de distintos códigos) y en la tendencia a la condensación y a favorecer los componentes progresivos, que se traduce en la contención de la materia argumental (limita las desviaciones de la trama principal y la presencia de tramas secundarias y, por supuesto, las narraciones intercaladas), en conferir mayor rigidez a su estructura y en acelerar el tiempo de configuración y evolución de sus personajes. Su iconicidad da paso a la modalidad mimética y con ella a la importancia sustancial de la figura física de espacios y personajes, y en estos a su gestualidad (2004: 40).

Si analizamos detenidamente estas palabras, surgen algunas cuestiones en las que deberíamos profundizar, pues son relevantes. Por una parte, la secuencialidad de la trama principal en los cómics, más específicamente en los cómics de superhéroes, no siempre sigue una progresión lineal, por lo que no siempre existe una limitación de tramas secundarias. En el caso de las series de cómics que hemos seleccionado para la elaboración de esta investigación, *Action Comics* y *Detective Comics*, existen numerosas tramas secundarias y relatos que se intercalan con la trama principal, lo que ayuda a darle profundidad a esta última y permite a los artistas, en mayor o menor medida, ofrecer detalles más específicos y mayor grado de información.

Por otra parte, resaltamos la importancia de la presencia y representación de los espacios y los personajes. Estos elementos aportan una información definida y detallada al lector, por lo que la «modalidad mimética» que anunciaba Muro se convierte en elemento esencial para entender la viñeta (y, por extensión, la trama de la historia en su totalidad). Como veremos en el análisis contenido en el capítulo 4, los rasgos de los trajes de superhéroes, la forma de vestir e, incluso, los elementos arquitectónicos de los edificios funcionan como piezas clave para entender la información de la viñeta de manera completa.

Además, si abordamos el campo de la estructura narrativa del cómic desde el punto de vista de la semiótica, existen algunos aspectos que debemos mencionar. Para analizar un cómic, debemos tener constantemente presente su estructura, es decir, la composición de cada viñeta y la forma en la que esta organización de varias viñetas

❋

configura la totalidad del propio cómic. Esta estructura, según Muro, se entiende como sintáctica:

> El cómic se configura como texto a base de viñetas que se estructuran entre sí con una finalidad, generalmente, narrativa y/o estética. Cuando en el cómic se pasa de la unidad básica, la viñeta, a unidades superiores, nos encontramos ante el nivel que podríamos denominar sintáctico (2004: 97).

Por consiguiente, y «aun constatando el hecho de que la viñeta ya puede ser considerada en sí misma un microrrelato, es notorio que el cómic fía su condición narrativa en la combinación de viñetas» (2004: 105); es decir, aunque una viñeta pueda considerarse como una narración completa en forma de cómic, normalmente es a la agrupación de viñetas a la que se le atribuye la cualidad o naturaleza de cómic. En este sentido, la estructura narrativa que engloba una o varias viñetas será la base de este libro, ya que elegimos, entre los diferentes números de las series de cómics seleccionadas, las viñetas (o agrupación de ellas) que sirven como corpus de análisis.

3
Referentes culturales

3.1 DEFINICIÓN DE LOS REFERENTES CULTURALES Como ya se ha venido explicando a lo largo del capítulo 3, nuestra obra se centra en el uso de la terminología peirceana como herramienta para realizar un análisis semiótico del corpus seleccionado. No obstante, dentro del propio corpus hemos realizado, a su vez, una selección de los elementos que van a ser analizados principalmente siguiendo unos criterios que presentaremos a continuación.

Antes de prestar atención a los referentes culturales que hemos seleccionado, consideramos oportuno abordar una definición del término *cultura*, pues dichos referentes, como su nombre indica, cobran entidad y sentido dentro de la dimensión cultural.[12] Así, recurrimos, de las muchas posibles, a la definición propuesta por Samovar y Porter:

---

12 Se puede encontrar más información sobre el concepto de *cultura* y sus dimensiones en las obras de Podestá (2006), Sanz (2017) y Nodal (2022), por ejemplo.

> ... the deposit of knowledge, experience, beliefs, values, attitudes, meanings, hierarchies, religion, notions of time, roles, spatial relations, concepts of the universe, and material objects and possessions acquired by a group of people in the course of generations through individual and group striving (1997*a*: 12-13).[13]

La definición de Samovar y Porter nos parece completa porque aborda un conjunto de elementos entre los cuales, en el caso que nos ocupa, ponemos de relieve el conocimiento, los significados y, en última instancia, los objetos materiales, como el cómic y el cine, elementos centrales en la presente tesis doctoral. A raíz de esta definición, también consideramos oportuno hablar del término *culturema*, pues, como veremos tras su definición, tiene una estrecha relación con los referentes culturales o, en ocasiones, como propone Igareda (2011: 37), pueden considerarse un mismo concepto. Nord define culturema como «a social phenomenon of a culture X that is regarded as relevant by members of this culture and, when compared with a corresponding social phenomenon in a culture Y, is found to be specific to culture X»[14] (Samovar y Porter, 1997*b*: 34). En este sentido, como podremos observar en el capítulo 4, encontraremos elementos estrechamente relacionados con la definición que hemos presentado de *culturema*, ya que tendrán connotaciones culturales y estas variarán en mayor o menor medida dependiendo de la cultura en la que se encuentren o se interpreten.

En el caso que nos ocupa, y debido al carácter semiótico de este trabajo, hemos optado por seleccionar referentes conocidos como culturales. Santamaria, de quien tomaremos prestada su clasificación de estos elementos, describe los *referentes culturales* como «los objetos y eventos creados dentro de una cultura determinada con un capital cultural distintivo [...], capaz de modificar el valor expresivo que se otorga a los individuos que están relacionados al mismo» (2001*a*: 237). No obstante, cabría destacar que existen otras muchas

---

13 «... el depósito de conocimientos, experiencias, creencias, valores, actitudes, significados, jerarquías, religiones, nociones del tiempo, roles, relaciones espaciales, conceptos del universo y objetos materiales y posesiones adquiridos por un grupo de personas en el transcurso de generaciones a través del esfuerzo individual y colectivo».

14 «un fenómeno social de una cultura X que se considera relevante por los miembros de esa cultura y, cuando se compara con el fenómeno social correspondiente en una cultura Y, se considera específico de la cultura X».

definiciones de estos referentes que engloban aspectos culturales, como, por ejemplo, y sin ánimo exhaustivo, la definición aportada por Agost: «… son aquellos referentes que hacen que una sociedad se diferencie de otra» (1999: 99). Otra definición que consideramos oportuna resaltar aquí es la ofrecida por Schäpers, quien opina que estos referentes culturales «sirven para configurar el mundo textual y lo caracterizan como propio de una cultura determinada» (2011: 84). Por otra parte, existen también diversas formas de denominar a estos elementos; así, Pedersen (2011) los define como *Extralinguistic Cultural References* (ECR), debido a su uso más allá del ámbito lingüístico, y Tanqueiro (2001) los describe como *marcas culturales*. Como vemos, existen diferentes definiciones y distinta terminología para referirse a estos elementos. En todo caso, aquí entenderemos los referentes culturales como elementos representativos de una cultura, es decir, indicadores de cómo es, cómo cambia y cómo evoluciona, y que generan diferencias y similitudes con otras culturas.

A su vez, cabe mencionar en esta sección los procesos del entorno cognitivo, es decir, los procesos que se siguen para percibir y comprender cualquier elemento que nos rodea, ya sea un entorno cognitivo detectable ya sea ilocalizable. Según Santamaria, estos factores se basan en dos procesos: «… según si en la memoria han recogido información sobre el referente, o bien si el individuo no puede localizar ningún tipo de información relacionada con el culturema» (2001*b*: 267). Así, en el análisis que vamos a realizar tendremos en cuenta también estos procesos; es decir, seleccionaremos elementos que un consumidor de cómics y películas de superhéroes puede fácilmente reconocer y relacionar en ambos medios. Como consecuencia, el proceso cognitivo constituirá un factor decisivo en la elección de los referentes culturales que vayan a ser analizados.

3.2 CLASIFICACIÓN DE LOS REFERENTES CULTURALES

Santamaria, en su tesis *Subtitulació i referents culturals. La traducció com a mitjà d'adquisició de representacions mentals* (2001*a*), propone una categorización[15] temática basada en referentes culturales, por lo que utilizaremos su propuesta como base fundamental de

---

15 Existen, no obstante, otras propuestas de división de los referentes culturales, como la de Agost (1999), la de Molina (2006), la de Ranzato (2016) y la de Igareda (2011).

nuestra categorización, si bien realizaremos algunas modificaciones para que englobe todos los elementos del corpus que pretendemos analizar. Esta autora nos propone seis categorías: ecología, historia, estructura social, instituciones culturales, universo social y cultura material. Muchos de los elementos que se analizarán a continuación pertenecen a estas categorías. Debemos hacer mención también a la existencia de una categoría de referentes culturales dedicada a elementos lingüísticos; no obstante, hay que advertir de que, debido a la naturaleza semiótica del presente trabajo, no haremos uso de ella, ya que no forma parte del objeto de este. Aun así, abordamos dicha categoría con el fin de construir un marco teórico completo para el presente caso. Mangiron, en su tesis *El tractament dels referents culturals a les traduccions de la novel·la Botxan: la interacció entre els elements textuals i extratextuals*, añadió una categoría a la que llamó cultura lingüística, dado que necesitaba una agrupación de los elementos lingüísticos de su corpus basada en «sistemes d'escriptura, les frases fetes, [...] els jocs de paraules i les onomatopeies» (2006: 136). Así, como hemos comentado unas líneas más arriba, consideramos digna de mención esta aportación de Mangiron, por lo que presentamos en la tabla 1 la propuesta resultante de unir a la categorización de Santamaria la propuesta de Mangiron.

TABLA 1
Clasificación de los referentes culturales

Categoría temática	Categoría por área	Ejemplos
Ecología	Geografías; topografía Meteorología Biología Ser humano	Montañas, ríos Tiempo, clima Flora, fauna
Historia	Edificios Hechos Personalidades	Monumentos, castillos Eventos, revoluciones Autores, artistas
Estructura social	Trabajo Organización Política	Comercio, industria Ejecutivo, judicial Organización, sistema electoral

Categoría temática	Categoría por área	Ejemplos
Instituciones culturales	Bellas artes Arte Religión Educación Medios de comunicación	Arquitectura, pintura Cine, literatura, cómics Iglesia, festividades Sistema educativo, estudio Televisión, prensa
Instituciones sociales	Condiciones sociales Geografía cultural Transporte	Grupo, familias Poblaciones, estructura vial Vehículos, transporte público
Cultura material	Alimentación Indumentaria Cosmética Tiempo libre Objetos materiales Tecnología	Comida, restauración Ropa y complementos Deporte, fiestas Muebles, objetos de casa Chips, motores
Cultura lingüística	Sistema de escritura Dialectos Refranes y frases hechas Juegos de palabras Insultos Onomatopeyas	Tipología textual Adivinanzas

Fuente: Santamaria, 2001: 288; Mangiron, 2006: 136.

Tal y como podemos observar, existen numerosos tipos de referentes culturales para ser analizados y, dependiendo del tipo de trabajo que se pretenda realizar, la categorización podrá variar en función de los objetivos de cada uno. De esta forma, en el siguiente apartado vamos a justificar la selección de elementos culturales que hemos realizado, teniendo en cuenta el tipo de análisis que vamos a llevar a cabo y el marco en el que se engloba esta obra.

3.3 JUSTIFICACIÓN DE LA SELECCIÓN DE ELEMENTOS CULTURALES Como ya se ha comentado en el apartado anterior, bajo nuestro punto de vista, entendemos que la selección de los referentes culturales va ligada al carácter del trabajo que se vaya a realizar. En el caso que nos ocupa hemos optado por escoger aquellos elementos que se adaptan mejor a los dos medios audiovisuales con los que trabajamos, el cómic y el cine, debido, principalmente, al carácter visual de los componentes seleccionados. Los exponemos a continuación.

El primer referente cultural, que se engloba en «bellas artes», dentro de la categoría de «instituciones culturales», sería la *tonalidad*, es decir, el uso y el significado del color tanto en el cómic como en el cine. Este elemento cobra gran importancia no solo dentro de un mismo medio, sino también en las adaptaciones de un medio a otro, pues el color y las tonalidades de la imagen son complementos necesarios de la palabra, ya sea escrita o hablada.

Las principales ciudades en las que tienen lugar las historias de Batman y Superman también son consideradas como elementos culturales, por lo que las englobamos en la categoría de «universo social» y, dentro de este, en la subcategoría de *geografía cultural*. Una vez analizada su representación en los cómics y el cine, observaremos claras diferencias y similitudes entre ellas.

Los siguientes elementos culturales seleccionados pertenecen a la subcategoría de *indumentaria*, dentro de la categoría de «cultura material»; son los trajes y los emblemas de los dos superhéroes. Las adaptaciones de estos elementos son especialmente relevantes si atendemos a factores de recepción (entendidos como los procesos que tienen lugar cuando un receptor recibe un estímulo) y a aspectos cognitivos, puesto que el receptor, tanto de cómics como de películas, se basará en estos elementos a la hora de encontrar referentes que estén directamente conectados con toda aquella información que se deriva de los personajes de Batman y Superman.

En este libro, todos estos elementos culturales tienen, entre otros, un factor común y relevante que los convierte en representativos: sus características visuales, que pueden ser adaptadas de múltiples maneras. En este sentido, hemos seleccionado estos elementos por su representabilidad en el cómic y en el cine; es decir, se trata de rasgos comunes en las historias seleccionadas de Batman y Superman. A continuación, a partir de la tabla 1, sobre la categorización de elementos culturales, ofrecemos la tabla 2, en la que reunimos únicamente aquellos elementos que vamos a analizar en nuestra investigación con el objeto de concentrarlos en dos grandes grupos.

TABLA 2.
Selección de referentes culturales

Categoría temática	Categoría por área	Ejemplos
Historia	Edificios Hechos Personalidades	Monumentos, castillos Eventos, revoluciones Autores, artistas
Cultura material	Alimentación Indumentaria Cosmética Tiempo libre Objetos materiales Tecnología	Comida, restauración Ropa y complementos Deporte, fiestas Muebles, objetos de casa Chips, motores

4

Criterios de selección
y análisis del corpus

En este capítulo vamos a desarrollar dos aspectos: por una parte, se incluirán los criterios de selección de nuestro corpus de análisis, de forma que se presenten y se argumenten las razones por las que se ha escogido a Batman y a Superman como personajes para la realización de este estudio y los aspectos más relevantes relacionados con dichos parámetros de selección. Por otra, analizaremos el corpus seleccionado a través de algunas viñetas y fotogramas y de nuestro comentario crítico, basado en los procesos de adaptación comentados en el capítulo 2 y en los conceptos semióticos descritos en el capítulo 3.

1
Criterios de selección del corpus

A continuación, presentaremos los criterios utilizados para la elección de nuestros dos superhéroes teniendo en cuenta los parámetros que exponemos en los subapartados siguientes.

1.1 PARÁMETRO 1: EJE TEMPORAL Tanto Superman como Batman representan un nuevo movimiento dentro de la historia del cómic, pues con la llegada del primero en 1938 se inicia la concepción de los cómics de superhéroes como un nuevo género dentro del ámbito de la narrativa secuencial, tal y como se explicaba en el capítulo 1. Si bien ya existían unos personajes denominados héroes cuyas historias se basaban en resolver misterios y asesinatos, como, por ejemplo, Flash Gordon[1] –o The Spirit,[2] que aparecerá en años

---

1 Creado por Alex Raymon en 1934, estas historias cultivaron el género de la ciencia ficción en el cómic.
2 Creado por Will Eisner en 1940, presenta historias policiacas y detectivescas.

posteriores–, en 1938 aparece el concepto de superhéroe, es decir, un héroe con poderes especiales. No solo es decisivo este factor para la selección de los dos personajes centrales de nuestra investigación; otro condicionante es el hecho de pertenecer a la Edad de Oro del cómic, iniciada en los años treinta del siglo pasado.[3] Tanto The Spirit como Flash Gordon serán los encargados de liderar este nuevo género y de allanar el terreno para la creación masiva de superhéroes que tendrá lugar a partir de los años cuarenta del pasado siglo.

Inicialmente, Superman tuvo un notable éxito entre los lectores habituales de cómics y tiras de prensa, así que, como expone Hernando (2014: 36) en *Batman: serenata nocturna*, Vin Sullivan, editor de DC por aquel entonces, aconsejó a un joven Bob Kane que creara otro personaje basado en Superman, pues las ventas se habían disparado con este nuevo personaje: «… deberías empezar a dibujar personajes como Superman. [...] El anzuelo está preparado, solo falta tirar de él». A raíz de este logro y del que vendría con el éxito de Batman, la editorial DC creó más superhéroes que retomaban los conceptos artísticos seguidos en la concepción de Superman y Batman. Así, nacen otros superhéroes como Wonder Woman, Flash, Green Arrow o Green Lantern. Por otro lado, Marvel, al comprobar el rotundo éxito que estaban teniendo estas series de cómics basadas en héroes con superpoderes, inició también un proceso de creación de superhéroes, como el Capitán América, Ironman y Hulk, entre otros.

Como también se ha mencionado en el capítulo 1, la promulgación del *comic code* conllevó que dejaran de publicarse muchas series de superhéroes de DC, y de entre todas solo sobrevivieron las de Superman, Batman y Wonder Woman. Pasaron los años y, mientras que Superman llegaba a los 700.000 ejemplares por cada número en el año 1963, Batman no alcanzaba los 265.000 (Hernando, 2014: 119), pues los lectores consideraban que este superhéroe había perdido su primera esencia, dotada de una atmósfera más oscura y detectivesca. Así, en 1964, Bill Finger junto con otros artistas renuevan la imagen de Batman y deciden acabar con las alocadas aventuras de los años cincuenta, que incluían extraterrestres y otras criaturas estrafalarias, retomando las tramas urbanas y la lucha contra los

3 Recordemos que, en este libro, utilizamos la clasificación de la historia del cómic propuesta por Duncan y Smith (2009).

criminales de los bajos fondos, de forma que se recupera al Batman de principios de los años cuarenta.

Por último, el estreno de las adaptaciones a la gran pantalla de Superman y Batman (1977 y 1989, respectivamente) fomentó no solo la compra de sus cómics, sino de todo tipo de *merchandising* para cualquier clase de público, como tazas, camisetas, pósteres o mochilas.

De esta forma, el parámetro temporal se configura a partir de la diacronía de estos dos superhéroes, es decir, se tiene en cuenta la evolución de ambos desde su origen hasta nuestros días.

1.2 PARÁMETRO 2: EDITORIAL DC Actualmente existe una gran cantidad de editoriales de cómics en todo el mundo, si bien las más reconocidas en nuestro entorno inmediato son DC y Marvel, ambas de origen estadounidense. Para la realización del presente trabajo hemos escogido DC por los siguientes motivos. El primero de ellos está directamente relacionado con la creación de Superman, considerado el primer superhéroe de cómic, puesto que con su aparición se inicia, como se ha explicado, el género de superhéroes en los cómics norteamericanos. Además, sirvió de modelo para un gran número de personajes que presentaban las mismas características o similares, tanto físicas como psíquicas, tales como los superpoderes y el modelo de comportamiento propio de un superhéroe.

El segundo motivo es la relevancia que dicha editorial tuvo en los inicios del *comic book*, puesto que Marvel no supuso una competencia real para DC hasta los años cincuenta y sesenta. Durante los años cuarenta, la trinidad de DC, formada por Superman, Batman y Wonder Woman, tuvo un éxito de ventas nunca visto, pues ese género que se estaba gestando pareció gustar tanto a niños como a adultos. No obstante, tras la Segunda Guerra Mundial y después de la negativa influencia del código de los cómics, estos tres personajes parecieron estancarse y Marvel, aprovechando el enfoque de involucrar a sus personajes principales en la guerra (un claro ejemplo es el Capitán América), logró aumentar las ventas y su repercusión ya a principios de los sesenta, con la aparición de superhéroes como Hulk o Spiderman, ambos en 1962.

Por último, la tercera razón tiene que ver con la constante renovación de sus personajes, puesto que esta editorial ha creado numerosos arcos argumentales en torno a sus personajes principales que han desembocado en cambios no únicamente en el aspecto visual, sino también en el narrativo. Así, como ya se ha mencionado en el capítulo dedicado a la historia de DC, en junio de 2011 aparece la etapa de *Los Nuevos 52* y en mayo de 2016 DC *Renacimiento*; estos dos productos dieron lugar a la proliferación de nuevos arcos argumentales que sirvieron como base temática para las posteriores adaptaciones al cine y a la televisión.

1.3 PARÁMETRO 3: SUPERMAN Y BATMAN Como ya se ha explicado, Superman y Batman fueron los dos primeros superhéroes creados por la editorial DC que cosecharon una amplia fama y que fundaron las bases del género de superhéroes en los cómics. Debido a este motivo hemos seleccionado a estos dos superhéroes, pues su largo recorrido nos ofrece la posibilidad de analizar un gran número de cómics y todas sus posteriores adaptaciones a la gran pantalla. A su vez, como se verá en el análisis incluido en este mismo capítulo, estos dos personajes representan las dos caras de una misma moneda, pues Superman encarna la luz y la esperanza y Batman, por el contrario, la oscuridad y la venganza. Un gran número de diferencias entre ambos superhéroes se ilustran a lo largo de las historias de los cómics, no solo en aquellos en los que actúan por separado, sino también en los que colaboran para alcanzar un objetivo común. Desde sus inicios, Superman representa los valores de la justicia, el respeto y el buen hacer de la ciudadanía. Por este motivo, para acercar a este superhéroe a la gente común, sus creadores decidieron dotarle de un *alter ego* llamado Clark Kent, de profesión periodista. Por el contrario, Bruce Wayne, *alter ego* de Batman, se aleja del comportamiento de Superman, pues se trata de un multimillonario que se toma la justicia por su cuenta. Fue concebido como contrapunto a Superman, movido por sus propios valores y hecho a sí mismo para lograr su objetivo en la vida: vengar la muerte de sus padres.

Otro factor determinante para decantarnos por estos dos personajes es la repercusión que tuvieron, y que tienen, en la sociedad. Tras la aparición de Superman en 1938, las ventas de cómics de la editorial DC aumentaron de forma notable. No obstante, sus repercusiones no solo se manifestaron en las ventas, sino también en la continua creación de *fanzines*[4] de ambos personajes. Concretamente, Batman tuvo tanto éxito

---

4 Palabra compuesta a partir de *fan* y *magazine*. Los *fanzines* se podrían definir como las publicaciones creadas por los propios aficionados a cualquier ámbito cultural, ya sea literatura, música, pintura, cine, etc., con bajo presupuesto y escasa difusión.

que se inventó el neologismo *batmanía* para describir el furor que causó este superhéroe en todo el mundo. Consecuentemente, DC no solo ha obtenido cuantiosos beneficios de la venta del cómic y sus adaptaciones, sino también del *merchandising* basado en estos dos personajes.

Por último, el factor de los elementos visuales de las historias, como, por ejemplo, el color, tanto en los cómics como en las adaptaciones, ha constituido también una pieza clave para la elección de Superman y Batman; en el caso del primero de ellos por sus colores más claros y cálidos y en el segundo por una paleta de colores más oscuros. Como hemos comentado en el capítulo introductorio de este trabajo, se propone un análisis de los elementos semiótico-visuales de las adaptaciones del cómic al cine, por lo que el color (en las viñetas, en los trajes, en la ambientación, etc.) será uno de los elementos más importantes a lo largo de este trabajo.

1.4 PARÁMETRO 4: ÉXITO COMERCIAL Otro de los puntos de vista que hemos considerado para realizar la selección de estos dos personajes es su éxito comercial, tanto en el ámbito del cómic como del cine. Por ello, se han considerado tanto las ventas de cómics como la recaudación en cines. Para ilustrar el éxito comercial que han tenido los cómics de estos dos personajes a lo largo de la historia, presentamos la tabla 3.

Como podemos apreciar en la tabla 3, la primera columna muestra la supremacía de DC durante los años sesenta del pasado siglo, tras afrontar la crisis de los años cincuenta y antes de que Marvel renovara sus series de cómics y creciera en popularidad. Los cómics de Batman y Superman se erigieron como los más vendidos en aquella década y produjeron grandes beneficios para la editorial. En la columna referente al año 1969, tras el gran éxito de la serie de Batman, DC seguía siendo la editorial con más ventas de cómics, aunque Batman ya no lideraba la lista, dejando paso a la serie regular de cómics de Superman. Por último, la tercera columna da un salto de cuarenta años y nos sitúa en el año 2009, cuando el precio del cómic aumenta en Estados Unidos, lo que repercute en las series de cómic de DC, con Batman y Robin ocupando una tercera posición. Es notable la caída de ventas debido al incremento del precio del cómic, pues si hacemos la comparación con el título más vendido en 1966, las ventas totales de cómics caen un 84,35 % en 2009. Consideramos que otra causa principal de este descenso, además del incremento del precio, es la gran cantidad de películas de superhéroes que aparecen en 2009, pues tanto Batman como Superman ya han adaptado muchas de sus historias del cómic a la gran pantalla. Como consecuencia, muchos de los lectores pueden haber dejado de comprar estas narraciones gráficas para ir a ver a sus personajes favoritos al cine y evitar así seguir invirtiendo dinero en largas colecciones de series de cómics.

TABLA 3
Número de ejemplares de cómics vendidos en diferentes periodos

Número	*Año*		
	1966 (Año en el que Marvel entró en la lista de los más vendidos)	*1969* (Año en el que finaliza el serial televisivo de Batman)	*2009* (Año en el que el precio de la grapa de cómic, formato con unas 25 o 30 páginas unidas por dos grapas, subió de 2,99 a 4,99 dólares)
	Títulos		
1	Batman, DC, 898.470	Superman, DC, 511.984	Blackest Night, DC, 140.667
2	Superman, DC, 719.976	Superboy, DC, 465.462	Captain America Reborn, Marvel, 108.240
3	Superboy, DC, 608.386	Lois Lane, DC, 397.346	Batman and Robin, DC, 106.835
4	Lois Lane, DC, 530.808	Action Comics, DC, 377.535	Green Lantern, DC, 103.579
5	Jimmy Olsen, DC, 523.455	Spider-Man, Marvel, 372.352	Giant Size Old Man Logan, Marvel, 93.744
6	World's Finest, DC, 513.201	World's Finest, DC, 366.618	New Avengers, Marvel, 85.526
7	Action Comics, DC, 491.135	Batman, DC, 355.782	Green Lantern Corps, DC, 83.042
8	Adventure Comics, DC, 481.234	Adventure Comics, DC, 354.123	Dark Avengers, Marvel, 79.662
9	Justice League, DC, 408.219	Fantastic Four, Marvel, 340.363	Batman, DC, 76.936
10	Detective Comics, DC, 404.339	Thor, Marvel, 266.368	Uncanny X-Men, Marvel, 73.523

Número	Año		
	1966 (Año en el que Marvel entró en la lista de los más vendidos)	1969 (Año en el que finaliza el serial televisivo de Batman)	2009 (Año en el que el precio de la grapa de cómic, formato con unas 25 o 30 páginas unidas por dos grapas, subió de 2,99 a 4,99 dólares)
	Títulos		
11	Metal Men, DC, 396.506	Incredible Hulk, Marvel, 262.472	Amazing Spider-Man, Marvel, 70.118
12	Spider-Man, Marvel, 340.155	Daredevil, Marvel, 245.422	Ultimate Avengers, Marvel, 68.539
13		Captain America, Marvel, 243.798	Thor, Marvel, 65.210
14			Amazing Spider-Man, Marvel, 62.517

Fuente: <http://zak-site.com/Great-American-Novel/comic_sales.html>.

Continuando con este parámetro de selección según el éxito comercial, prestaremos atención ahora al impacto económico que han tenido las adaptaciones de las historias de estos dos superhéroes al cine. Para ello, siguiendo el modelo que hemos expuesto para el éxito de ventas de los cómics, presentaremos dos tablas, cada una dedicada a un superhéroe, y a continuación las interpretaremos. Las tablas han sido elaboradas de forma que reflejen el orden según la recaudación, situando en la primera posición la película que haya generado mayores ingresos y en última posición la que menos.

TABLA 4.
Recaudación de las películas de Batman

Título	Recaudación (en dólares)
El caballero oscuro (Christopher Nolan, 2008)	533.345.358
El caballero oscuro: la leyenda renace (Christopher Nolan, 2012)	448.139.099
Batman V Superman: El amanecer de la justicia (Zack Snyder, 2017)	330.360.194
Batman (Tim Burton, 1989)	251.188.924
Batman Begins (Christopher Nolan, 2005)	205.343.774

Título	Recaudación (en dólares)
Batman: La Lego Película (Chris McKay, 2017)	175.345.216
Batman Forever (Joel Schumacher, 1995)	184.031.112
Batman Vuelve (Tim Burton, 1992)	162.831.698
Batman y Robin (Joel Schumacher, 1997)	107.325.195
Batman: la máscara del fantasma (Bruce Timm, 1993)	5.617.391
Batman: la broma asesina (Sam Liu, 2016)	3.775.000

Fuente: <http://www.boxofficemojo.com>.

Tal y como podemos observar, la película más taquillera es *El caballero oscuro* (2008), de Christopher Nolan, que supuso un gran éxito para la distribuidora Warner Bros. Pictures, además de recibir varias nominaciones a los Oscar. A su vez, se trata de uno de los films adaptados de cómic con mayor éxito de recaudación. En el segundo puesto aparece la última parte de la trilogía creada por Nolan, por lo que podemos entender que esta saga de adaptaciones ha cosechado un notable éxito a escala mundial. La película *El amanecer de la justicia* (Zack Snyder, 2017), que reúne a Batman y a Superman, se sitúa en la tercera posición, un puesto bastante elevado pese a la gran cantidad de detractores que esta adaptación ha tenido; principalmente, entre los seguidores de las series de cómics de estos dos superhéroes.[5] La película que menos recaudación ha conseguido es *Batman y Robin* (1997), un film que trata de recuperar el tono *pulp* de los inicios de este superhéroe, intentando oscurecer tanto al propio personaje como la ambientación. Por tanto, la intención de unir dos movimientos cinematográficos parece no haber gustado a los seguidores del caballero de la noche. Finalmente, hemos resaltado tres adaptaciones de este superhéroe a películas animadas, *Batman: la máscara del fantasma* (1993), *Batman: la broma asesina* (2016) y *Batman: la Lego Película* (2017), aunque muchas de ellas ni siquiera fueron proyectadas en las salas de cine. Por consiguiente, consideramos que las adaptaciones de este personaje gozan, en general, de una buena consideración, lo que lo convierte en uno de los más exitosos de

---

5 Larrad (2016) presenta en el siguiente artículo algunos motivos por los que dicha película no tuvo el éxito esperado: <https://www.cinemascomics.com/batman-v-superman-mal-mal/>.

❂

la editorial DC. Así, tras analizar el éxito de recaudación en la gran pantalla, creemos posible llegar al convencimiento de que Batman, al igual que veremos a continuación con Superman, se justifica como personaje clave en el estudio de las adaptaciones del cómic al cine de la editorial DC.

TABLA 5.
Recaudación de las películas de Superman

Título	Recaudación (en dólares)
El hombre de acero (David S. Goyer, 2013)	291.045.518
Supeman Returns (Bryan Singer, 2006)	200.081.192
Superman (Richard Donner, 1978)	134.218.018
Superman II (Richard Lester, 1981)	108.185.706
Superman III (Richard Lester, 1983)	59.950.623
Superman IV (Sidney J. Furie, 1987)	15.681.020

Fuente: <http://www.boxofficemojo.com>.

Tras Batman, Superman es el superhéroe que más éxito comercial ha conseguido a lo largo de la historia de sus adaptaciones. La película más taquillera es *El hombre de acero* (2013) y, como observamos en la tabla 5, la saga de Superman ha sido la que menos recaudación ha obtenido tras su estreno. No obstante, por ser el primer superhéroe en aparecer en una serie regular de cómic y en una adaptación de este género a la gran pantalla, Superman se presenta como el otro personaje clave para el análisis de los procesos de adaptación con los que estamos realizando el presente trabajo.

1.5 PARÁMETRO 5: TIPO DE PÚBLICO El último parámetro tiene que ver con el tipo de público al que estos dos superhéroes van dirigidos. Para reflejar este criterio de selección, hemos optado por considerarlos de forma independiente a partir de las obras de Hernando *Superman, la creación de un superhéroe* (2013) y *Batman: serenata nocturna* (2014).

Como ya hemos comentado, Superman fue el primer superhéroe de este género y nació con la misión de ser reflejo de la sociedad estadounidense, una sociedad basada en los valores morales del respeto y la justicia. Desde sus inicios encarna la luz y la esperanza para superar los problemas, es decir, es el representante de las historias en las que el bien triunfa sobre el mal. Debido a este papel, Superman está concebido para ser leído, y posteriormente visto, por todo el conjunto de la sociedad, desde jóvenes lectores que ansían aventuras y situaciones de riesgo en las que los villanos siempre están al borde de la victoria, pero que, tras actos de valor y mensajes de esperanza y justicia, encuentran la derrota, hasta lectores adultos que únicamente ven en este superhéroe un modelo de ciudadano, alguien a quien parecerse. No obstante, uno de los papeles principales de los cómics de superhéroes desde sus inicios ha sido el de transportar al lector a otra realidad, a una nueva vida a través de las viñetas. Superman, desde su creación en 1938, ha conseguido ofrecer un gran número de historias variadas, desde etapas más aventureras y políticas hasta otras con un tono más violento y adulto. Por este motivo, ha sido, sin tener en cuenta el hecho de que es uno de los pilares de la editorial, uno de los personajes con más lectores de DC, pues ofrece un amplio rango de historias temáticas.

Por otra parte, Batman ha pasado por etapas más diferenciadas, las cuales se dirigen a distintos tipos de lectores. La primera, la que se inicia con su creación en 1939, presenta a un personaje en el papel de detective, que evita la violencia en la medida de lo posible; recoge el carácter *pulp* de las tiras cómicas de los periódicos dominicales, con historias dinámicas y situaciones graciosas. Muchas familias disfrutaron de estas historias, ya que sus viñetas, que, en muchos casos, presentaban situaciones del día a día, divertían tanto a jóvenes como a adultos. A finales de la década de los cincuenta comienza una etapa de contraste con Superman; DC va creando notables diferencias entre estos dos personajes para acabar presentándolos como antagonistas.[6] De esta forma, la editorial ofrecía a los lectores la posibilidad de disfrutar de estos dos superhéroes en una misma historia. Como resultado de este nuevo arco argumental se acota el rango de público para estas ediciones, pues existen lectores a los que no les gusta el personaje de Superman y consideran que Batman queda relegado a un segundo plano. Como consecuencia, entre otras muchas más, a partir de los setenta las ventas de cómics caen y los lectores buscan en Marvel la esencia primera de los superhéroes, es decir, la de los justicieros en-

---

6 La primera aparición de Batman vs. Superman en los cómics fue en 1958, en el número 95 de la serie *World's Finest*.

mascarados que se presentaron a lo largo de la década de los cuarenta. Por este motivo, la última etapa se reconoce como la vuelta al origen detectivesco de Batman. No obstante, impulsado por el rodaje de la película *Batman* dirigida en 1989 por Tim Burton, consideramos que aparece un nuevo concepto de Batman, mucho más oscuro y violento, que muestra en numerosas ocasiones su sed de venganza. Así, este superhéroe se define como el auténtico caballero oscuro y aumentan las ventas de cómics de este periodo, pues vuelve a reconocerse como el vigilante enmascarado de Gotham, y esto gusta tanto a lectores jóvenes, por las viñetas que muestran peleas a todo color contra sus enemigos, como a adultos, por su carácter más sociológico y reflexivo.

2
Aspectos relevantes relacionados con los parámetros de selección

En la actualidad, los medios de comunicación han adoptado la imagen como elemento representante de su voluntad de informar y comunicar, pues se reconoce en el lenguaje visual una herramienta que ofrece una larga lista de posibilidades en detrimento del tradicional lenguaje escrito u oral. En este sentido, «vivimos el predominio de la imagen» (Gasca, 1966: 13), un predominio centrado en la influencia que una simple imagen puede tener dentro del ámbito de los medios de masas. Además, como comenta Pantoja, «[e]l status de la imagen ha variado a lo largo del tiempo y en todo momento su influencia ha sido determinante» (2007: 185). Así, en este apartado nos centraremos en la influencia de la sociedad en los productos audiovisuales en los que se basa este trabajo: el cómic y sus adaptaciones al cine. Observamos que, a lo largo de sus diferentes etapas, el cómic se ha desarrollado como elemento narrativo y, a través de su evolución y la de sus adaptaciones, aparecen cambios ya no únicamente en la forma, sino también en su contenido, todo ello debido a las diferentes realidades sociales que influyen directamente en el proceso de creación de estas historias. Por consiguiente, aquí abordaremos la cuestión de qué cambios son los más reconocibles y trataremos de ofrecer una razón por la que tanto los cómics como sus adaptaciones se han ido transformando a lo largo de su historia.

La sociedad, como conjunto, modifica los medios de comunicación de masas, los enriquece y los moldea, de forma que se convierten en medios expresivos por y para la sociedad; en palabras de Gubern, «la moral social [...] ha desempeñado un papel determinante en la formación de los códigos vigentes en las comunicaciones de masas» (1974: 107). Así, consideramos que estos códigos se forman a partir de los deseos y las necesidades de una sociedad en constante cambio, por lo que se reconoce la naturaleza dinámica de la difusión de los medios de masas. El estudio de estos medios, por tanto, se enfrenta a la necesidad de estar siempre actualizado, de analizar constantemente cómo, cuándo y por qué se producen los cambios y cuáles son las perspectivas de futuro de dichos medios expresivos. Como afirma Eco, «[e]n tal sentido, la investigación sobre los medios de masas no puede más que plantear de continuo conclusiones en condicional: debería concluirse esto, si se mantuvieran inalteradas estas condiciones» (1984: 200). No obstante, es la propia necesidad de cambio la que dirige estas investigaciones, de forma que, si la sociedad evoluciona, también lo harán los medios de masas.

Los cómics, ligados a la tradición de la cultura visual, consiguen «una eficacia de persuasión parangonable únicamente con aquellas grandes reproducciones mitológicas compartidas por toda una colectividad» (Eco, 1984: 255). Como se ha mencionado en apartados anteriores, el uso conjunto de la palabra y la imagen como medio de comunicación supuso toda una revolución social (véase capítulo 2) con notable repercusión en otros medios estilísticos, como el cine o la literatura. De este modo, «los cómics son un producto de la tipología colectiva y del dominio absoluto» (Gasca, 1966: 19); es decir, se entiende el cómic como una representación de la sociedad en colectivo, una forma de expresión que recoge ideales, momentos y coyunturas de la época. Y en el caso que nos ocupa, serán los cómics de superhéroes los encargados de cumplir con esa función de ser reflejo de la sociedad y, a la vez, presentar una nueva sociedad, una que aleje al lector de la realidad en la que vive y le transporte a una soñada o imaginada. De esta forma, el cómic se convirtió, en sus inicios en los periódicos estadounidenses, en un medio de masas que cambió de forma radical a la sociedad de la época, pues creó e instauró el llamado efecto *cliffhanger*[7] en los lectores asiduos a las

7 El diccionario Cambridge define el término *cliffhanger* como «a story or a situation that is exciting because its ending or result is uncertain until it happens» (una historia o situación que es emocionante porque su final o resultado es incierto hasta que sucede) (2020: en línea).

tiras cómicas. Esta ansiada espera dio pistas a los creadores de tiras cómicas sobre cómo debían ser las nuevas historias, relatos visuales que evadieran a los lectores por un breve momento de su realidad y los transportaran al mundo de la imagen que estaban consumiendo. «En los cómics seriados de publicación diaria [...] la estructura iterativa es una forma de redundancia introducida para facilitar que el lector reanude el hilo narrativo tras una perturbadora pausa de veinticuatro horas, aliviando su esfuerzo memorístico» (Gubern, 1974: 180). En este sentido, en palabras de Gasca, «hay un Superman latente debajo de cada sombrero» (1996: 17), pues desde la aparición de dicho superhéroe en 1938 los lectores han seguido consumiendo este tipo de narrativa en la que creemos que o bien se ven reflejados, o bien les gustaría participar en su mundo.

La aparición de nuevos superhéroes en los cómics fue en aumento y este hecho se manifestó no únicamente en las ventas, sino en la concepción que los lectores tenían del propio cómic como medio de expresión. Hemos hallado tres factores diferentes que aportarán una explicación acorde a los cambios que encontramos en los dos superhéroes centrales de esta obra, Batman y Superman, pues consideramos que debemos tenerlos presentes para llevar a cabo el análisis del corpus seleccionado, ya que haremos referencia en numerosas ocasiones a dichos factores: el primer factor se centra en el aspecto de la revolución científica y tecnológica, el segundo viene caracterizado por el proceso de adaptación del cómic al cine y, finalmente, el último factor se basa en la concepción del cómic de superhéroes como referente de los medios de comunicación de masas.

2.1 LA CIENCIA Y LA TECNOLOGÍA La influencia de la ciencia y de los avances tecnológicos ha sido puesta de relevancia por estudiosos del cómic como Gubern, quien afirma que el primer superhéroe con superpoderes recibidos gracias a un proceso científico fue Doc Savage: «Doc Savage fue el primer superhombre científico de los años treinta, creado en marzo de 1933 [...] Con Doc Savage, que obtiene sus atributos sobrenaturales [...] de un avanzadísimo laboratorio científico, se entra ya de lleno en el ámbito de los poderes físicos que rebasan las capacidades del lector» (1974: 191).

Así, con este nuevo personaje se abre el camino de la ciencia y la tecnología a través del cómic. Como añade Gubern (1974: 191), esta «fascinación por la ciencia y la tecnología» permitirá a los creadores de cómics dotar a los superhéroes de cualquier poder deseado, puesto que los inventos científicos y los desarrollos biológicos ofrecen un amplio abanico de posibilidades, tanto en lo físico como en lo psíquico. De esta forma podemos observar cómo, de los dos personajes seleccionados en este trabajo, Superman encarna la parte científica (especialmente dentro de la rama biológica, pues los poderes de Superman son innatos) y Batman la tecnológica.

Si nos inspiramos en la obra de Gubern (1974), podemos entender que existe una diferencia notable entre aquellos superhéroes que logran sus poderes de forma científica y aquellos que los logran utilizando la tecnología disponible a su alcance. Por otro lado, los personajes con superpoderes científicos se pueden dividir en dos grupos: los que reciben estos dones a partir de experimentos científicos y los que nacen o son creados con estos poderes. Así, en el primer grupo encontramos a Hulk y a Spiderman, por ejemplo, ambos dotados de superpoderes a causa de experimentos o accidentes científicos (el primero de ellos dañado por rayos Gamma y el segundo mordido por una araña radioactiva). En oposición a este grupo, existen otros personajes como Superman[8] o Magneto que ya nacen con superpoderes (el primero con la capacidad de volar, superfuerza y lanzar rayos láser por los ojos, y el segundo con la capacidad de moldear el metal a su voluntad). Por consiguiente, una notable diferencia entre estos dos grupos es el nivel de aceptación que cada superhéroe tiene de sus propios poderes. Así, Superman, tomado como ejemplo de superhéroe con poderes innatos, es consciente, a lo largo de sus numerosas historias en cómic, radio, cine y televisión, de que es un ser diferente al resto de las personas que le rodean, por lo que adopta el papel de protector de la humanidad. De esta forma, el personaje se humaniza y pretende adaptarse al modelo de vida de cualquier persona. Se trata, por tanto, no únicamente de aceptar que cada superhéroe posee unas ciertas habilidades, sino del uso que cada uno hace de ellas.

Por otra parte, Gubern (1974) también incide en que los personajes que basan sus poderes en la tecnología son considerados como simples humanos capaces de utilizar complicados artilugios. De esta forma, este tipo de personajes se suelen identificar con más facilidad con

---

8 Los superpoderes de Superman se manifiestan en el planeta Tierra, puesto que, en su planeta de origen, Kripton, estos superpoderes no son tales. Por esta razón la kriptonita le debilita y dificulta o impide el uso de estas habilidades.

los lectores y espectadores, pues en todo momento son presentados como personas comunes y funcionan como una meta, una aspiración, ya que se utilizan como prueba de que cualquier persona con unos novedosos avances tecnológicos sería capaz de lograr estas habilidades. No es casualidad, en este caso, que los principales personajes de DC (Batman) y de Marvel (Ironman) que utilizan la tecnología como habilidad fundamental compartan ciertas similitudes: ambos poseen una gran fortuna, son inteligentes y destinan su capital a la investigación de avances tecnológicos, los cuales, en algunas ocasiones, servirán para uso propio. En este caso, la tecnología siempre estará presente en sus historias, ofreciendo al lector la capacidad de entender cómo y por qué motivo estos superhéroes utilizan estas invenciones tecnológicas.

Por tanto, como se puede observar, la innovación científica y tecnológica siempre ha estado en conjunción con el género de los superhéroes, dotándolos de superpoderes y habilidades que atraen a los lectores y espectadores por igual. A su vez, los propios avances tecnológicos en ambos medios, cómic y cine, han permitido reflejar de forma más fidedigna e impactante estos avances y su representación en las historias de superhéroes.

2.2 LA ADAPTACIÓN DEL CÓMIC AL CINE En segundo lugar, el factor de las adaptaciones a la gran pantalla juega un papel importante en el desarrollo de los superhéroes, pues ambos medios tienen sus propios procedimientos y características. La evolución, por tanto, de los personajes en el cómic vendrá dada por un ritmo completamente diferente al del cine, puesto que «los héroes de los cómics son los más duraderos de la cultura icónica, porque son inmortales y no envejecen físicamente, como ocurre con las estrellas de cine» (Gubern, 1974: 190). El cine, por otra parte, se encarga de representar la realidad narrada en los cómics, por lo que una adaptación total parece imposible debido, precisamente, a los propios procedimientos y características de cada medio, de los que se ha hablado ya en el capítulo 2. Así, «el cine nunca representará al mundo tal como es, precisamente porque solo puede representarlo, es decir, dar una configuración de tipo simbólico» (Casetti, 2010: 254). Como veremos en el apartado del análisis del corpus, estos símbolos, junto a los iconos e índices propuestos por Peirce y detallados en el capítulo 3, proporcionan herramientas no solo para analizar las adaptaciones del cómic al cine, sino también para estudiar cómo estas adaptaciones se configuran y por qué motivo tienen sus propias características. La realidad del cómic y la del cine son diferentes puesto que cada medio ofrece unos procedimientos representacionales distintos de la historia narrada y, en este sentido, un cómic, al igual que «un film, no es nunca un duplicado de la realidad, [...] solo representa algunos fragmentos seleccionados, los carga de sentido, los hace funcionales dentro de una historia o de una tesis y los reúne en un nueva unidad» (Casetti, 2010: 149).

No obstante, gracias al desarrollo de los elementos técnicos presentes en estos dos medios, especialmente en el ámbito del cine, las posibilidades de representación y adaptación han permitido una prolífica evolución, ofreciendo oportunidades a artistas del cine y del cómic para crear una multitud de posibilidades mediante las que reflejar su historia. Por ejemplo, en el caso de los superhéroes, las nuevas tecnologías aplicadas a la creación cinematográfica han permitido dotar visualmente a estos personajes de los superpoderes que poseen en las historias de cómic, de forma que el espectador podría rápidamente y de forma inequívoca asociar viñetas leídas en los cómics con escenas de una película. Si analizamos las palabras de Gubern, «[s]erían los cómics [...] quienes se encargarían de desarrollar una vasta familia de superhéroes que desafiaban las leyes biológicas y físicas, tarea imaginaria que resulta de mucha más fácil realización para un dibujante que para un estudio cinematográfico» (1974: 191-192). Podemos observar que, en la actualidad, este problema de adaptación ha sido ya solucionado mediante el uso de las nuevas tecnologías informáticas, por lo que se podría poner de manifiesto una clara evolución conjunta de ambos medios.

Así, el cine se convierte en medio adaptador de obras pertenecientes a otros medios, ya sea literatura, cómic o incluso música y teatro. No obstante, el cine «es capaz de unir lugares lejanos, de mezclar el ayer con el mañana, de acercar lo minúsculo a lo gigantesco, de superponer lo conocido y lo desconocido, de transformar lo previsto en insólito, creando, además, un universo con el que nos identificamos sin esfuerzo» (Casetti, 2010: 57). Casetti también comenta que ese esfuerzo inexistente del espectador de la gran pantalla constituye la pieza clave del cine, ya que al espectador de una película adaptada se le atribuye un papel más pasivo que al lector de cómic; la razón es simple, pues ese espectador de una obra adaptada tiene a su alcance la obra original, por lo que, si la conoce, la adaptación se constituirá como una sucesión de imágenes que requerirá del espectador una única tarea: la de relacionar, en la medida de lo posible y de su capacidad, lo que se proyecta en la cinta con lo expuesto en las viñetas. Esta relación del cine basado en una narración fue estudiada por Casetti, quien afirma que este hecho tiene lugar debido a que

> la narración satisface algunas de sus necesidades más profundas. La primera de ellas es hacer legible la realidad que hay que trasladar a la pantalla. [...] La segunda necesidad consiste en reorganizar el universo que se quiere representar, pues en sí se trata de un universo abierto y disperso, que debe encuadrarse entre un principio y un fin para adquirir estructura y perspectiva [...] La tercera consiste en la composición de los materiales que se han utilizado, y que en sí mismos son susceptibles de cualquier utilización, pero que empleados en la pantalla requieren un rol preciso y un perfil completo, es decir, una forma (2010: 81).

Todas estas necesidades son aplicables no únicamente a la adaptación literaria, sino también a la del cómic, puesto que el cine se vale de sus herramientas propias para adaptar, en el caso que nos ocupa, una historia secuencial en viñetas.

En el próximo apartado analizaremos cómo estos medios, el cómic y el cine, influyen en la sociedad, pero aquí destacaremos cómo el cine se considera un reflejo de la sociedad «a causa de su carácter de obra de un grupo destinada al consumo de masas; saca a la luz los aspectos subterráneos y escondidos, hasta acabar ilustrando de algún modo el inconsciente» (Casetti, 2010: 147). Ese inconsciente es también una ideología, la ideología del espectador, explicada como una «forma en que los individuos se representan a sí mismos y representan la realidad que los circunda y sus relaciones recíprocas» (Casetti, 2010: 216). Esta es la razón por la que consideramos oportuno dedicar un apartado a la relación de la sociedad con estos medios de comunicación de masas, puesto que sus adaptaciones están inevitablemente ligadas a los consumidores de estos medios y al conjunto de la sociedad en la que aparecen y en la que son creados.

2.3 LA INFLUENCIA DEL CÓMIC Y EL CINE EN LA SOCIEDAD ACTUAL En este epígrafe analizaremos brevemente la influencia del cómic y el cine en la sociedad, puesto que no únicamente existe una influencia y correlación entre el cómic y el cine, sino que ambos también se relacionan con la sociedad, desarrollándose como elementos pertenecientes a la categoría de medios de comunicación de masas. Eco ofrece también un interesante punto de vista con relación a la influencia de la sociedad en los medios de comunicación de masas, en especial en el cómic, medio que utiliza constantemente como ejemplo. De esta forma, el autor afirma que el estudio del cómic como medio social debe «adaptar el periodo histórico, al ámbito cultural en que trabaja, el fenómeno obra de arte, decidir conferirle un cierto sentido, y sobre esta base elaborar sus definiciones, sus comprobaciones, sus análisis, sus reconstrucciones» (1984: 201). Como podemos observar, el proceso de adaptación siempre está presente, puesto que una de las funciones de los medios de comunicación de masas es adaptar la realidad, ya sea una realidad plasmada en otras obras o una realidad social vivida por el conjunto de la sociedad. Se trata de la representación de una sociedad como conjunto en productos consumidos por los integrantes de esa misma sociedad, por lo que la forma y el contenido de dichas adaptaciones deben ajustarse a lo que los consumidores quieren y necesitan. En este sentido, en este apartado nos centraremos en el análisis de la influencia de la sociedad en los cómics y sus adaptaciones a la gran pantalla, principalmente en la creación y las características de los superhéroes.

Desde la consolidación del superhéroe, tras la aparición de Superman como personaje principal de cómic y como género narrativo, han aparecido numerosos estudios[9] relacionados con el concepto de superhéroe como elemento narrativo y social. El principal motivo de este hecho es la concepción del superhéroe como reflejo de la sociedad en la que aparece y, a su vez, como conjunto de roles que el ciudadano medio aspira a conseguir. De esta forma, «el personaje mitológico de los cómics [...] debe ser un arquetipo, la suma y compendio de determinadas aspiraciones colectivas, y por tanto debe inmovilizarse en una fijeza emblemática que lo haga fácilmente reconocible» (Eco, 1984: 261). Así, esos emblemas, que podemos entender como figuras convencionales que tienen una representación simbólica y que permiten el reconocimiento de los superhéroes por parte del lector y del espectador, serán también objeto de estudio en este trabajo, puesto que un análisis semiótico permitirá demostrar

---

9 Entre ellos, destacamos *Wonder Woman: El feminismo como superpoder* (2017), de Elisa McCausland; «Mito clásico y cultura popular: reminiscencias mitológicas en el cómic estadounidense» (2007), de Luis Unceta, y *Superhéroes en la pantalla de la guerra contra el terror* (2016), de María Elisena Sánchez.

cómo esta «fijeza emblemática» se instala en el reconocimiento de estos personajes por parte de la sociedad. En este punto cabe destacar la relevancia especial de Superman como iniciador de un movimiento social generado por los superhéroes, es decir, la creación del género de superhéroes que se extiende no solo al cómic, sino también al cine, al videojuego, a la radio y a la televisión. Superman ha encarnado desde sus inicios al perfecto justiciero norteamericano, haciendo prevalecer el bien y sirviendo de modelo para la sociedad estadounidense de aquel momento; de esta forma, se convirtió en el ejemplo a seguir, principalmente de las clases trabajadoras, aquellas que realmente esperaban llegar a vivir en sus propias carnes el sueño americano. En palabras de Eco:

> En una sociedad particularmente desnivelada, en la que las perturbaciones psicológicas, las frustraciones y los complejos de inferioridad están a la orden del día; en una sociedad industrial en la que el hombre se convierte en un número dentro del ámbito de una organización que decide por él; en la que la fuerza individual [...] queda humillada ante la fuerza de la máquina que actúa por y para el hombre, y determina incluso los movimientos de este; en una sociedad de esta clase, el héroe positivo debe encarnar, además de todos los límites imaginables, las exigencias de potencia que el ciudadano vulgar alimenta y no puede satisfacer. Superman es el mito típico de esta clase de lectores (1984: 258).

Así, como comenta Eco (1984: 237), el lector o el espectador que consumen una obra en la que aparece Superman se ven parcialmente involucrados en esta, ya no por el hecho de sentirse protagonistas, sino porque cabe la posibilidad de que se vean envueltos en esa, o parecida, situación. Como consecuencia, este superhéroe no es únicamente un modelo, sino que también actúa como elemento de reflexión, pues en la toma de decisiones ante los eventos que se narran el lector puede compartir las decisiones expuestas o, por el contrario, sentir que en su lugar hubiera optado por otra elección. Esta forma de interrelación entre el lector y el personaje queda etiquetada por Eco como fisionomía intelectual, la cual podríamos entender como «aquel perfil que adopta el personaje, por el cual el lector consigue comprenderlo en todas sus motivaciones, coparticipar sentimentalmente en sus movimientos e identificarse con él intelectualmente, como si [...] tuviésemos entre manos un complejo tratado bio-psico-sociohistórico sobre dicho personaje» (1984: 228).

A su vez, Eco concibe que, no obstante, la evolución de los super-héroes también viene influida por la sociedad y por la necesidad que tiene de estos mismos personajes, de tal forma que, desde los inicios, no se concebía la inmortalidad de los personajes; es decir, los lectores y espectadores necesitaban ver en el superhéroe a una persona de carne y hueso, alguien que sufre igual que ellos y con posibilidades de morir en alguna de sus aventuras. Como expresa el autor:

> Superman es mito a condición de ser una criatura inmersa en la vida cotidiana, en el presente, aparentemente ligado a nuestras propias condiciones de vida y de muerte, por muy dotado de facultades su-periores que esté. Un Superman inmortal dejaría de ser un hombre, para convertirse en dios, y la identificación del público con su doble personalidad [...] caería en el vacío (1984: 265).

Como consecuencia, estos personajes, así como las situaciones en las que se ven inmersos, irán en progresiva evolución en consonancia con la propia sociedad; es decir, será el conjunto de la sociedad quien determine cómo los superhéroes evolucionan y qué cambios aparecen en las historias de estos personajes. En este sentido, en el trabajo que llevamos a cabo analizaremos la diferencia desde la aparición de los dos superhéroes seleccionados hasta la actualidad. Así, observaremos cómo estos, en ocasiones, se convierten en auténticos justicieros para reflejar en las historias cómo cualquier persona, en algún momento, puede enfrentarse a alguna situación problemática en la que deba tomar alguna decisión de carácter extremo. Según menciona Gubern, «estos héroes justicieros [...] usurpan las funciones que incumben a la administración de justicia y violan los fundamentos de la convivencia social al arrogarse el derecho personal de determinar quiénes deben ser castigados y cómo deben ser castigados» (1974: 196).

Como podemos observar, la influencia de la sociedad es un factor determinante en la evolución de los superhéroes, tanto en el cómic como en el cine, por lo que en esta obra se analizará, mediante el uso de las herramientas semióticas descritas en el capítulo 3, la evo-lución de Superman y Batman en el cómic y el cine.

3
Análisis del corpus

En este apartado vamos a aplicar parte de la terminología presentada en los capítulos teóricos, y para ello utilizaremos diversos ejemplos extraídos de los cómics previamente seleccionados y de sus adaptaciones a la gran pantalla, con la intención de probar que ciertos términos propuestos por Peirce, descritos en el capítulo 3, constituyen una herramienta útil para analizar el proceso de adaptación del cómic al cine. A su vez, también pretendemos demostrar que la categorización que hemos adaptado y modificado de Sánchez (2000), basada en la adaptación de la literatura al cine, puede funcionar, así mismo, como modelo estructural para las adaptaciones del cómic.

Como punto de partida, tenemos que considerar la idea de que las películas basadas en cómics son productos que absorben un amplio abanico de influencias, tales como «vigilante archetypes, urban crime, action sequences and heightened reality, coming together and evolving into a genre with convention all of its own»[10] (Burke, 2015: 98). En este sentido, se espera que las variantes en la forma de narrar historias plasmadas en cómics sean diferentes, teniendo en cuenta aspectos relevantes como el público al cual van dirigidas ciertas historias, el año y el lugar de publicación, y también el tipo de dibujo e imagen presentado tanto por el propio cómic como por la película. De alguna forma, las adaptaciones

> sought to emulate, even replicate, panel borders, transitions and layouts; they attempt to freeze motion pictures, visualize sound, and interpolate a host of codes that had previously been considered unique to comics. Furthermore, some filmmakers have used the malleability of digital tools to bring a measure of comic book «graphiation» to cinema (Burke, 2015: 221).[11]

---

10 «arquetipos de vigilante, crimen urbano, secuencias de acción y realidad aumentada, que se unen y evolucionan a un género con convenciones propias».

11 «buscan emular, incluso replicar, bordes de paneles, transiciones y diseños; intentan congelar largometrajes, visualizar el sonido e interpolar un conjunto de códigos que previamente se habían considerado únicos en los cómics. Además, algunos directores han utilizado la maleabilidad de las herramientas digitales para traer al cine una medida de "grafiación" del cómic».

Para estructurar el análisis que vamos a llevar a cabo, procederemos a presentar las imágenes que refieren a cada culturema seleccionado desde sus primeras apariciones en el cómic, seguido de un análisis detallado según el paso de cada era a la que pertenecen y en relación con la historia de los cómics en general (véase capítulo 1). De esta forma, se podrá observar de forma más clara cómo evoluciona la representación de estos objetos y será más sencillo comparar estas imágenes extraídas de los cómics con las imágenes obtenidas a partir de los fotogramas de las adaptaciones al cine.

3.1 LOS ESPACIOS Y LA ARQUITECTURA Este primer aspecto se basa en el espacio físico en el que se encuadra la acción, es decir, el lugar en el que acontece la historia presentada en el cómic o el cine. Destacamos en este punto un hecho relevante sobre DC: la editorial mezcla ciudades reales con imaginarias, de manera que presenta ciudades como Gotham, Metrópolis, Atlantis, Smallville, Krypton, etc., lugares ficticios creados a partir de ciudades reales; de esta forma, por ejemplo, Londres y Pittsburgh servirán de inspiración para crear Gotham en la gran pantalla, al igual que Toronto, Cleveland y Nueva York lo serán para Metrópolis. Una de las principales razones de este hecho se debe, tal y como afirma Burke, a la vuelta al estilo tradicional de presentar la arquitectura de la misma manera en la que se representaba en las primeras historias de sus personajes: «… this may account for more recent DC comics adaptations returning to traditional large-scale action sequences»[12] (2015: 43), lo que significa que las corrientes estilísticas actuales, cuando llega el momento de crear una nueva aventura para un personaje, toman prestados los lugares presentados en las primeras historias de los cómics. En este sentido, tanto los directores como los productores de cine basado en adaptaciones de cómic siempre deberán tener en consideración dónde y cómo ocurre la acción en las historietas y cómo trasladar todo este material al lenguaje cinematográfico: «[i]n adaptations such as Batman (Burton, 1989) [...] architecture and performers reinforce the depth of field by providing lines of perspective typically found

---

12 «esto puede tener en cuenta más adaptaciones de cómics de DC volviendo a las secuencias de acción tradicionales a gran escala».

in comics»[13] (Burke, 2015: 258). Para analizar como signos, en el sentido peirceano, tanto el espacio como algunos de los edificios de las adaptaciones del cómic al cine, hemos seleccionado, para empezar, las dos ciudades en las que viven Batman y Superman, pero previamente a este análisis, creemos necesario reproducir el comentario que realiza Serra sobre Gotham y Metrópolis, puesto que ofrece una visión global de lo que representan ambos espacios:

> Metrópolis es diurna, y en las frecuentes ilustraciones [...] aparece homogénea, racional y cuadriculada, en perfecto estado modernista; Gotham, al contrario, es una ciudad de diferencias, con edificios entre el estilo gótico y el *art nouveau*, oscura y descrita a partir de los recorridos verticales de Batman. Si Metrópolis y Superman son un super-ego [sic], Gotham y Batman son un inconsciente (2011: 37).

3.1.1 *LOS ESPACIOS Y LA ARQUITECTURA EN BATMAN (GOTHAM)* La ciudad de Gotham, espacio en el que el caballero de la noche actúa e imparte justicia, está ambientada e inspirada en diferentes ciudades del mundo, como Pittsburg (Pensilvania), Londres, Nueva York o Chicago debido, principalmente, a sus altos rascacielos y sus barrios peligrosos. Londres fue la primera ciudad que inspiró a Tim Burton para crear la ciudad de Gotham: «[Tim Burton] used London and false soundstage settings for their Gotham locations»[14] (Saporito, 2015). A continuación, Joel Schumacher, que tomó el relevo de las adaptaciones al cine de Batman, «showed [...] a cross between Manhattan and the Neo-Tokyo meeting of Akira (1988)»[15] (Saporito, 2015). Pagnotta afirma que «Gotham City is a hybrid of New York and Chicago [...] in Nolan's previous Batman movies»[16] y, finalmente, la ciudad elegida como inspiración para la última película de la trilogía de Nolan fue Pittsburg: «[Nolan] experiences new

---

13 «[e]n adaptaciones como *Batman* (Burton, 1989) [...] la arquitectura y los actantes refuerzan la profundidad del campo ofreciendo líneas de perspectiva típicas del cómic».
14 «[Tim Burton] utilizó Londres y estudios de sonido como falsos escenarios para sus localizaciones de Gotham».
15 «mostró [...] un cruce entre Manhattan y el Neo-Tokio de *Akira* (1988)».
16 «la ciudad de Gotham es un híbrido de Nueva York y Chicago [...] en las películas previas de Batman dirigidas por Nolan».

ground with the conclusion to this trilogy by shooting a portion of the film in Pittsburgh, Pennsylvania»[17] (2011).

La atmósfera gótica[18] es, precisamente, el elemento que da nombre a esta ciudad, por lo que el interpretante de este elemento, que a su vez es también un signo, podría, con toda probabilidad y como ser que interpreta el signo, deducir cómo se presentaría esta ciudad tanto en el cómic como en el cine. La razón es, principalmente, la obvia relación entre el nombre que denota la ciudad y su representación visual. Justamente, en estos dos medios (el cómic y el cine), la ciudad de Gotham se presenta como un lugar oscuro y sombrío, con un alto nivel de criminalidad y vandalismo, donde la corrupción y la violencia parecen haberse extendido como una plaga por toda la ciudad. Esta lúgubre ambientación que rodea y envuelve a la ciudad funciona también como un signo; específicamente, como un símbolo en términos peirceanos, puesto que la imagen que ofrece Gotham no es únicamente descriptiva, sino que también se presenta como un reflejo de lo que las tonalidades negras y grises significan en la imagen, es decir, oscuridad y peligro. De la misma forma, la arquitectura en Gotham posee un significado, ya que tanto las iglesias como los rascacielos, las mansiones y el estilo gótico imperante en algunos edificios de la ciudad se consideran iconos en las adaptaciones, es decir, son fieles representaciones de los elementos que los lectores pueden encontrar en los cómics. A su vez, estos iconos proporcionan una relación directa de similitud entre los elementos en ambos medios, por lo que podemos recalcar que el proceso de adaptación de la arquitectura en las historias de Batman, además de presentarse como una adaptación como ilustración, en términos propuestos por Sánchez (2000), también constituye un signo con un significado específico, el cual, en este caso, será icono debido a su naturaleza representativa de la realidad reflejada en los cómics. Sin

---

17 «[Nolan] experimenta un nuevo campo con la conclusión de su trilogía filmando una parte de la película en Pittsburgh, Pensilvania».

18 El gótico es un movimiento artístico en el que se manifiesta el concepto de «estética de la luz», es decir, los artistas góticos, especialmente los relacionados con la arquitectura, juegan con las luces y las sombras para crear entornos claroscuros. A las arquitecturas del gótico se les permite la vida y la espontaneidad, por lo que un edificio gótico puede entenderse como un organismo vivo. Esta idea de «arquitectura viviente» se recoge en los cómics de Batman, de forma que la propia ciudad de Gotham se convierte en un personaje más (Arteguías, 2019: en línea; Cultura Genial, 2019: en línea).

embargo, al darse también el caso de que algunos de los edificios no son reales ni específicos en las historias de los cómics, podemos anotar que algunos de estos edificios también se adaptan como adaptación libre, como pueda ser el caso de la mansión Wayne, el lugar donde habita Bruce Wayne.

Comenzamos el análisis de la arquitectura en las historias sobre Batman con la propia ciudad en la que vive este superhéroe. Como comentábamos, Gotham siempre ha sido ilustrada como una ciudad oscura, ambientada en numerosas ocasiones durante la noche, por lo que los tonos oscuros como el negro, el azul o el gris son los más comunes para representarla. Como podremos observar a continuación, la combinación de colores oscuros se adapta casi de manera idéntica en las películas de Batman. Por otra parte, la serie *Detective Comics* se inició en 1937, por lo que es coetánea a la Era de la Proliferación,[19] al igual que Batman, creado en 1939.

Tal y como vemos en la figura 1, ya en esta primera etapa de Batman se ilustra la ciudad de Gotham de noche, con el fondo oscuro, normalmente con tonos negros y grises. A lo largo de esta era, este vigilante nocturno luchará contra el crimen de la ciudad, por lo que muchas de las escenas mostrarán a los lectores a Batman observando, acechando, peleando y deteniendo a mafiosos, traficantes y asesinos. La ciudad, en el caso que nos ocupa, se establecería como un signo visual, tal como ya se ha comentado, pues podría ser un símbolo o, también, un índice, ya que tiene las mismas características que otras ciudades a las que representa, como pueden ser Nueva York o Washington. La creación de una ciudad nocturna como Gotham será un factor decisivo que influirá en la manera de ilustrar esta misma ciudad y otras ciudades dentro del universo DC, como, por ejemplo, Metrópolis, que, como veremos en el apartado dedicado a esta, siempre es considerada como elemento de contraste con Gotham.

---

19 No volvemos a mencionar las fechas de cada era; para consultarlas, véase el epígrafe 1.1 de este mismo libro.

Fig. 1. Gotham. Viñeta de *Detective Comics* 163 (Kane, 1950).

El tono oscuro con el que se creó Gotham, así como el tema de las persecuciones, las peleas y las detenciones de mafiosos y atracadores en las historias de esta serie, se deben, principalmente, a dos factores. El primero de ellos es el inicio de la Segunda Guerra Mundial, puesto que, tal y como sucedió durante la Primera Guerra Mundial, los cómics tuvieron dos grandes objetivos: servir como propaganda política y entretener a los lectores, ya fueran soldados alejados del campo de batalla o familias que se quedaban esperando a que sus seres queridos regresaran del frente. Como hemos comentado en el capítulo 1, muchos superhéroes fueron representados luchando contra el fascismo, de forma que el cómic, igual que otros medios de comunicación, se convirtió en un importante elemento cultural a lo largo de esta década. El segundo se basa en la creación y la notoria expansión de nuevos géneros de cómics, como los de misterio y terror, hecho también comentado en el capítulo 1. Destacamos, entre ellos, *Crime Does Not Pay* (1942), *Justice Traps the Guilty* (1947) y los últimos números de la serie *Weird Tales* (1923-1951), historias basadas en relatos de Poe, Lovecraft y Welles. Se podría considerar, por tanto, que todos estos géneros de cómics emergentes en esta era influyeron notablemente en los cómics de superhéroes, aportando nuevas ideas no solo para su continuidad, sino también para recrear ambientaciones y espacios que representaran una atmósfera sombría que suscitara en el lector una sensación de misterio e intranquilidad. De esta forma, Gotham fue adaptando esa paleta de colores oscuros, hecho que ayudó a empezar a ir conformando la misteriosa identidad de este superhéroe nocturno.

A continuación, la *Era del Atrincheramiento* supuso, como ya se ha comentado, un duro golpe para los cómics de la época debido a la aparición de la televisión como medio de masas, lo que relegó a periódicos, revistas y cómics a un segundo plano. No obstante, Batman y Superman seguían en la cima de la editorial DC, por lo que ello no afectó negativamente a sus series regulares. Con relación a Gotham, esta ciudad se sigue representando, con mayor frecuencia, durante la noche. De la misma forma, los creadores de las historias de Batman entendieron la importancia de la noche para este personaje y, de este modo, muchas de las viñetas que relataban los hechos más relevantes tenían lugar a lo largo de la noche. Si atendemos a cómo se utiliza el color en las historias pertenecientes a esta época, el de fondo siempre es negro (o gris muy oscuro), para indicar que la acción tiene lugar durante la noche; por tanto, se puede entender como índice. No obstante, para contrastar con ese color oscuro, se utiliza con asiduidad una paleta de colores claros y pastel, normalmente cálidos, de forma que se resalte la ambientación nocturna de la ciudad. Este juego de contrastes, como iremos viendo a lo largo del análisis de la representación de Gotham, seguirá siendo de máxima importancia para crear espacios y ambientaciones que ilustren la atmósfera nocturna que caracteriza a esta ciudad.

En la Era del Atrincheramiento, por tanto, tienen especial relevancia espacios como Gotham, ya que, frente a la amenaza que suponía la televisión, los cómics, en especial las series protagonizadas por Batman y Superman, se esforzaron para mantener la continuidad de representación de estos lugares, lo que permitía al lector encontrar dibujadas Gotham y Metrópolis de la misma forma a como podría haberlas encontrado años atrás, en las historias que marcaron los inicios de estos personajes.

En la *Era de la Conexión*, la representación de Gotham adoptó un elemento que, a partir de esta época, encontraremos en la gran mayoría de viñetas en las que aparece esta ciudad de noche: la luna. Si bien es cierto que se encuentra presente en diferentes ocasiones antes, podemos observar que tanto en las historias que conforman el inicio de esta etapa como en las del final, la luna suele estar en las viñetas en las que se ilustra la ciudad de Gotham de noche. Se siguen utilizando colores claros para resaltar el fondo oscuro que representa la noche, ilustrado con colores fríos como el negro, el azul y el gris. La luna, no obstante, a menudo se encuentra en su fase plena, es decir, luna llena, puesto que es en dicha fase cuando el astro muestra mayor volumen. No obstante, destacamos que en esta etapa la luna siempre se pinta de amarillo y no de blanco, color a través del cual también puede representarse dicho elemento. Esta combinación de colores juega un papel clave, pues resulta que la combinación del amarillo con el negro es también la combinación del traje y el logo de Batman, por lo que este hecho podría considerarse como un signo lingüístico, específicamente un símbolo en terminología peirceana.

Por otra parte, tal y como comentábamos anteriormente, la ciudad se sigue representando con elementos típicos de una gran ciudad en la que residen multitud de ciudadanos; por ejemplo, con altos rascacielos y edificios emblemáticos, mucho tráfico, luces durante la noche y mucha gente.

Con la llegada de la *Era de la Independencia*, la representación de los espacios y de los propios personajes se vio influida por el movimiento *underground*, que llegó al mundo del cómic a lo largo de los años setenta. La violencia física, la corrupción y las drogas son algunos de los temas que se impusieron en estas nuevas historias y, como consecuencia de ello, estos asuntos influyeron en la creación de nuevas historias en el género de los superhéroes. Los guionistas y dibujantes de la serie *Detective Comics* continuaron ilustrando Gotham de la misma forma que en las épocas anteriores, pues mantuvieron colores y los tonos más oscuros en el fondo para representar la noche y más claros para los edificios y las estructuras que conforman la ciudad. Además, la luna, por su parte, se sigue dibujando llena y de color amarillo por su significación al combinarse con el negro.

Todas estas características se mantendrán a lo largo de esta etapa, ya que, a pesar de la posible influencia de los cómics *underground* de la época, la representación de una ciudad de estas características no se verá afectada por esta nueva corriente en la serie regular *Detective Comics*, por lo que, desde el punto de vista semiótico y de los procesos de adaptación, podríamos considerar que no ha habido ningún cambio significativo. No obstante, sí tendrá repercusión en la creación de nuevas historias para Batman en la próxima década, como será el caso de *Batman: The Dark Knight Returns* (Miller, 1986) o *La broma asesina* (Moore, 1988).

La *Era de la Ambición* se caracteriza por la notoria popularidad del cómic como medio expresivo y narrativo. Ponemos de relieve que cada vez se van combinando más técnicas de dibujo con mejores historias, por lo que se puede considerar que el cómic, ya en esta etapa, se va constituyendo como uno de los medios de masas más populares en todo el mundo.

En relación con la ciudad de Gotham, también se aprecia una evolución en la forma de representarla. Un primer cambio es el uso de planos picados,[20] desde un lugar elevado, para crear una sensación de profundidad en el lector, ilustrando así una ciudad vasta, repleta de altos rascacielos que recorren toda su extensión. Es notable destacar que en las etapas anteriores se representaba utilizando un plano contrapicado,[21] es decir, el ángulo se situaba en la parte inferior de la viñeta; este hecho ponía de relieve la altitud de los edificios, pero no la extensión de la propia ciudad. Por consiguiente, lo que se consigue mediante el uso de los planos picados es resaltar la extensión de Gotham y, de esta forma, convertirla en símbolo, debido a la sensación de grandiosidad que puede generar en el lector.

Otra de las características que podemos observar es el uso de colores pastel para ilustrar el cielo nocturno, es decir, colores suaves que permiten contrastar el cielo con aquello relevante en cada viñeta. De esta forma, como se puede ver en las viñetas de esta era, se utilizan tonos rosados y violetas para resaltar la figura de Batman, junto con colores más oscuros (azul y gris). Por otra parte, también la propia ciudad de Gotham se ilustra con colores cálidos (en este caso, con un tono anaranjado), mediante los cuales se resalta la figura del superhéroe sobrevolando la ciudad.

Finalmente, otro rasgo que se ha de resaltar es el continuo uso de la luna como elemento de contraste en esta etapa y las que siguen. Los artistas parecen haber adoptado este cuerpo celeste como referente nocturno en las historias de Batman.

La última etapa que vamos a comentar es la *Era de la Reiteración*. Un elemento que se debe tener en cuenta en este periodo es el uso de la arquitectura gótica para representar los edificios de Gotham. Como ya se ha mencionado en este capítulo, la dotación de vida a los edificios estará presente a lo largo de todas las historias de Batman y, como elemento gótico principal, destacamos la aparición de gárgolas, tal y como podemos observar en algunos números de

---

20   «El ángulo picado [...] tendrá la cámara por encima del objeto de forma clara. Dicho ángulo ofrece la sensación de inferioridad del objeto o personaje al quedar reducido su tamaño por la perspectiva» (Caldera, 2002: 12).

21   «Este ángulo ofrece la sensación de mayor magnitud física, e incluso intelectual, del personaje sobre el que se está realizando la toma» (Caldera, 2002: 12).

la serie. Un factor relevante que influirá en las historias de Batman a partir de 1989 es la adaptación al cine del superhéroe de la mano de Tim Burton. A continuación, veremos cómo esta adaptación de la ciudad a la gran pantalla recoge elementos del gótico y los dispone de forma que los edificios de la ciudad cobran especial relevancia a lo largo de la narración.

Si continuamos con el recorrido por esta Era de la Reiteración, veremos un notable cambio en la forma de representar la ciudad de Gotham. En ciertos casos, para encarnar la noche sobre la ciudad, se dejan a un lado los tonos pastel y se opta por combinaciones de colores más brillantes en conjunción con el negro. Además, la luna ya no siempre va a ser un elemento representativo de la noche, puesto que los dibujantes y coloristas emplean la propia ciudad para describir al lector que la acción que está teniendo lugar por la noche; por consiguiente, se utilizan recursos como las ventanas iluminadas con tonos claros de colores blancos y amarillos y los juegos de luces y sombras en los edificios.

De la misma forma que para otras eras, vamos a comentar la evolución de Gotham, pues ya no parece una simple ciudad, sino un conjunto de edificios que simulan castillos y palacios de época medieval. Desde el punto de vista de la semiótica visual, a partir de esta era la representación de Gotham se abrirá a un amplio abanico de posibilidades, de forma que los guionistas, dibujantes y coloristas podrán crear nuevos espacios para esta ciudad, dotándola de las características que cada autor considere oportunas según cada historia.

Finalmente, a partir de la influencia del final de la trilogía de las películas de Batman dirigidas por Nolan y de la nueva etapa de DC titulada *Los Nuevos 52*, se abren nuevas vías de representación de la ciudad. De esta forma, la serie de cómics que hemos escogido para elaborar nuestro corpus de trabajo (*Detective Comics*) ofrecerá una gran variedad de representaciones de Gotham. Así, cada una de sus representaciones continúa siendo un signo, en términos semióticos, pues en cualquier situación se trata de una representación que el lector tendrá que interpretar. Podemos observar, por una parte, un intento de ilustrar una ciudad como la que vimos tras la aparición de la película de Burton, *Batman* (1989), volviendo a crear una atmósfera de ciudad oscura, con poca luz y con humo; además, para no perder ese aire gótico del que ya hemos hablado, aparecen también los relieves de gárgolas, aunque no definidas, sino más bien en forma de sombras que el lector podrá interpretar como tales. Por otra parte, otras representaciones se alejan del estilo gótico y nos muestra una Gotham más futurista, una ciudad más limpia, con más luz, influenciada por la trilogía de Nolan (2005-2012). Por consiguiente, ambas formas de ilustrar la ciudad se podrían considerar símbolos, pues a cada una de ellas se le atribuye una representación; la primera de ellas ejemplifica la tradicional atmósfera gótica de la ciudad, donde el lector de cómics podría interpretar este espacio como un lugar lúgubre y poco seguro. En cambio, en el otro caso, la ciudad de Gotham simboliza el progreso tecnológico, el futuro, aunque sigue siendo de noche, por lo que el peligro continúa acechando en sus calles.

En líneas generales, hemos podido observar la clara evolución de la representación de Gotham desde sus inicios hasta nuestros días en la serie de cómics *Detective Comics*, es decir, la evolución a partir del uso de tonalidades más oscuras, con menor luminosidad y más contraste entre colores, para ofrecer un punto de vista más sombrío y nocturno. En las figuras 2 y 3 presentamos dos fotogramas en los que se observa cómo se ha adaptado Gotham a la gran pantalla para realizar su posterior análisis.

Fig. 2. Fotograma de *Batman y Robin* (Schumacher, 1997).

Fig. 3. Fotograma de *El caballero oscuro: la leyenda renace* (Nolan, 2012).

La principal característica que observamos tras el análisis de la adaptación de Gotham al cine es que se ha realizado manteniendo la paleta de colores creada por los coloristas de los cómics de Batman. En este sentido, debido a la ambientación oscura que se le da, esta ciudad actúa como un signo peirceano, específicamente como un índice, ya que la imagen que proyecta no es únicamente descriptiva, sino que también constituye un reflejo de lo que estas tonalidades de color significan: peligro, amenaza, miedo, etc. De la misma forma, no solo la ciudad en sí misma tiene un significado, puesto que también los rascacielos, las iglesias, las mansiones y todo ese estilo gótico que envuelve a estos edificios suponen una representación de significado. En este caso, se podrían considerar iconos de lo que los lectores pueden encontrar en los cómics de este personaje, ya que estos iconos proporcionan una relación directa de similitud entre los elementos de ambos productos. De esta manera, podemos destacar el hecho de que el proceso de adaptar la arquitectura en las historias de Batman, además de ser adaptaciones como ilustración, en términos propuestos por Sánchez (2000), conllevan signos con significación, los cuales, en este caso, son iconos debido a su naturaleza representativa.

Además de este análisis mediante los términos propuestos por Peirce, consideramos necesario poner de manifiesto determinadas características de Gotham en los cómics y en su posterior adaptación al cine, ya que uno de los objetivos del presente trabajo es realizar un estudio cualitativo sobre el corpus formado por la fuente origen, es decir, el cómic, y su adaptación al cine. Una de estas características es cómo ha evolucionado la adaptación de la representación de esta ciudad, desde un aspecto más fantástico a un aspecto más real, imitando claramente a ciudades como Nueva York o el distrito de Manhattan. Una de las razones es el intento, principalmente en las películas *Batman* (Tim Burton, 1989) y *Batman y Robin* (Joel Schumacher, 1997), de volver al tono humorístico que utilizó la serie televisiva de Batman en los años cincuenta, aunque dotándolo de una ambientación más tenebrosa. No obstante, consideramos que podría existir la necesidad de dar a este personaje un aire más adulto, una evolución que lo convirtiera realmente en un caballero de la noche. De esta forma, Christopher Nolan creó, en su trilogía de Batman (2005, 2008 y 2012), al superhéroe que el público buscaba, hecho que se reflejó en la buena acogida de los espectadores y su éxito de recaudación.

3.1.2 *LOS ESPACIOS Y LA ARQUITECTURA EN SUPERMAN (METRÓPOLIS)* En relación con los cómics y las películas de Superman, el principal espacio que aparece en las diferentes historias de este personaje es Metrópolis. Analizaremos este elemento de manera que se aprecie cómo contrasta con Gotham.

Metrópolis se presenta al lector y a los espectadores como una ciudad de luz, brillante, una tierra de oportunidades en cuyas calles fluyen la paz y la justicia. Para ilustrar esta ciudad, tanto los creadores de cómics como los productores de cine se han basado, principalmente y como ya vimos, en la ciudad de Nueva York, debido a sus altos rascacielos y a la luz que estos edificios pueden reflejar durante el día. Browne (2016) afirma que «New York city is the most obvius inspiration point for Metropolis: [...] [It] stands as symbol of optimism and progress».[22] De esta forma, vemos cómo Metrópolis contrasta con Gotham, la ciudad de la oscuridad y el crimen. Se trata de una contraposición que, en los cómics, se evidencia claramente en el uso de los colores y de las tonalidades e, incluso, en el propio aspecto de la ciudad. Stamp (2013) explica que Metrópolis está construida a partir de las características del *art déco*. Así, a continuación, presentaremos

---

22 «la ciudad de Nueva York es obviamente el mayor punto de inspiración para Metrópolis: [...] se erige como un símbolo de optimismo y progreso».

algunas viñetas en las que aparece representada Metrópolis y algunos fotogramas que muestran cómo se ha adaptado al cine.

Vamos a estructurar el análisis de la representación de Metrópolis de la misma manera que se ha hecho con Gotham, es decir, a partir de las diferentes eras del cómic. Por otra parte, de la misma forma que hemos escogido la serie *Detective Comics* para extraer el corpus de trabajo de Batman, hemos hecho lo propio con la serie *Action Comics* para Superman, puesto que es la primera serie regular de la editorial centrada en la figura de este superhéroe.

Iniciamos el análisis de la ciudad donde reside Superman/Clark Kent a partir de la *Era de la Diversificación*, pues, aunque Superman fue creado en 1938 (en la Era de la Proliferación), no será hasta 1939 cuando se acuñe el nombre de Metrópolis. Para ser más exactos, esta ciudad aparece mencionada por primera vez en el número 16 de *Action Comics*, aunque ya se ilustró desde los inicios de las aventuras de este superhéroe. Por tanto, hasta este momento, se desconocía el lugar en el que vivía Superman. Por esta razón, hemos empezado nuestro análisis en esta era y lo continuaremos hasta los números más recientes. Durante los inicios de los años cuarenta no se daba mucha importancia a la ciudad en sí pues lo importante era describir las acciones. Así, se omiten detalles del escenario como las ventanas o las farolas, para realzar la figura de Superman y de los personajes con los que interactúa. Es por esta razón por la que empezaremos a analizar la representación de Metrópolis a partir de la *Era de la Conexión*.

Cabe destacar, no obstante, que la *Era del Atrincheramiento* llega con nuevas versiones de la ciudad de Metrópolis y con nuevas formas de ilustrarla, atendiendo tanto a valores estéticos como a otros relacionados con el color. Se pueden apreciar los colores y las tonalidades cálidas que se utilizarán a partir de ahora para dibujar los edificios que conforman esta ciudad. En este caso, se intenta dar luminosidad a la arquitectura de Metrópolis, es decir, centrarse en la idea de que se trata de una gran urbe la mayor parte de cuya actividad suc de a lo largo del día, todo lo contrario que en el caso de la ciudad de Gotham. Como ya hemos comentado, estos tonos tan claros y los colores cálidos seguirán utilizándose a lo largo de toda la serie, pues Metrópolis se establece como ciudad diurna y Gotham como ciudad nocturna, como ya se ha comentado.

A continuación, durante la *Era de la Conexión* tendrán lugar dos hechos relevantes que mantienen una estrecha relación con el análisis que estamos llevando a cabo. El primero de ellos será la aparición, cuando se pretenda ofrecer una visión global de Metrópolis, del edificio del *Daily Planet*, que se convertirá en un signo representativo de esta ciudad. De esta forma, el *Daily Planet* se concibe como un índice, pues cada vez que un lector de cómics vea este emblemático edificio, lo podrá interpretar como parte de la ciudad de Metrópolis, como podemos observar en la figura 4. Por otra parte, destacamos también el concepto de Nueva York que se plasma en las viñetas de estos años, pues claramente sirve de inspiración para crear Metrópolis.

Fig. 4. Metrópolis. Viñeta de *Action Comics* 281
(Siegel y Shuster, 1961).

Si atendemos al análisis semiótico en términos peirceanos, al igual que Gotham, Metrópolis se constituye como signo y, a su vez, de diferentes tipos: si atendemos al hecho de que los dibujantes de la serie *Action Comics* han reflejado con exactitud algún edificio de la ciudad de Nueva York, esta ciudad sería un icono, pues la relación entre el dibujo y su referente es de completa igualdad. Será un índice si relacionamos la ciudad con la representación que evoca; Metrópolis se construye en nuestra mente como una ciudad moderna y urbana. Finalmente, será un símbolo si tenemos en cuenta lo que representa: si anteriormente hemos comentado que Gotham simboliza la oscuridad, la criminalidad y la vida nocturna, Metrópolis encarna valores completamente diferentes; por ejemplo, la justicia, la tranquilidad y la paz. Además, a cada una se le asocia una parte del día diferente: normalmente, Gotham aparece durante la noche y Metrópolis durante el día. Según veremos a lo largo del resto de eras, Metrópolis se posiciona como antagonista de Gotham, de forma que se da un contraste entre ambas.

Asimismo, si atendemos al color, comprobaremos que se siguen manteniendo los mismos tonos utilizados en las eras anteriores, es decir, colores cálidos y tonos pastel para ilustrar los edificios, de forma que se represente la luminosidad de la ciudad, y diferentes tonalidades de azul claro para representar un cielo diurno y despejado.

Durante la *Era de la Independencia* y la *Era de la Ambición* tiene lugar un hecho similar al que hemos analizado anteriormente. Podemos comentar que se mantiene el mismo uso del color que en las eras anteriores, así como la posición de Superman en un gran número de viñetas, de forma que se le representa sobrevolando Metrópolis. La diferencia con la era anterior es el punto de vista desde el que se observa la acción. A partir de estas dos eras, las viñetas, en ocasiones, también muestran la ciudad desde dentro, por lo que los edificios cobran especial relevancia para crear en el lector una sensación de altitud.

Finalmente, en la *Era de la Reiteración* se siguen utilizando tonos cálidos, principalmente gamas de amarillo y dorado, para presentar la ciudad. Como ya hemos mencionado anteriormente, este factor preserva la idea de considerar Metrópolis como una ciudad donde prevalecen la justicia y la seguridad. De esta forma, las imágenes pretenden envolver al lector en la acción, haciéndole partícipe de esta. A su vez, entre la gran cantidad de obras de este superhéroe, encontraremos representaciones de la ciudad en las que se mantiene la continuidad de eras anteriores y los colores seguirán siendo claros y luminosos, pero también se usará, en ciertos casos, una paleta de colores fríos, por lo que se pierde esa sensación de calidez en el ambiente para dar paso a una descripción de Metrópolis más fría y menos acogedora, como si hubiese cambiado a un tono más serio.

En consecuencia, hemos podido observar la clara evolución de la representación de la ciudad de Metrópolis desde sus inicios hasta nuestros días en la serie *Action Comics*. Seguidamente, presentamos una selección de fotogramas en los que podemos observar cómo se ha adaptado al cine.

Fig. 5. Fotograma de *Superman* (Donner, 1978).

Fig. 6. Fotograma de *Superman Returns* (Singer, 2006).

Teniendo en cuenta esta selección de imágenes en las que Metrópolis aparece en el cine y tras analizarlas semióticamente, podemos afirmar que, hasta la última era, en todas ellas se ha presentado como una ciudad brillante, luminosa, con colores cálidos, inspirada principalmente en la ciudad de Nueva York. De esta forma, Metrópolis se ha adaptado por ilustración, es decir, desde el cómic hasta el cine la ciudad se ha mantenido como representación de Nueva York. Por otra parte, estas adaptaciones prácticamente fieles al cómic también se podrían considerar como iconos, pues guardan una relación de similitud entre el objeto que aparece en los cómics y su representación en la gran pantalla. Finalmente, también la propia Metrópolis se constituye como un símbolo, pues se trata de un signo que va más allá de la mera representación de la similitud y conlleva un significado; en este caso, el de un espacio seguro en el que prevalecen la justicia y la tranquilidad ciudadanas.

3.1.3 *PALABRAS FINALES: ESPACIOS Y ARQUITECTURA* Como podemos observar en el análisis previo, los espacios y la arquitectura son signos fácilmente adaptables como ilustración y transposición, puesto que las características de una ciudad pueden ser adaptadas a diferentes medios visuales; por tanto, también pueden considerarse signos, tanto iconos como símbolos, dependiendo del proceso de adaptación que se elija y de las propias características y posibilidades de cada medio. De este modo, si una ciudad se representa tal y como es en realidad, constituirá un icono, ya que reflejará las similitudes entre la ciudad original y la representada; por el contrario, si la ciudad representa no solo un lugar físico, sino que tiene un significado añadido, se podría considerar un símbolo. A su vez, las adaptaciones como interpretación también tendrían cabida en la representación de los espacios, puesto que los adaptadores tienen la opción de escoger un espacio específico de un cómic y adaptarlo a la gran pantalla de infinitas maneras, ya sea expandiéndolo o reduciéndolo, así como cambiando sus tonalidades y colores predominantes. Como hemos podido detectar, las adaptaciones como interpretación y transposición parecen constituir una pieza clave en el género del cine de superhéroes, donde los productores y directores tienen libertad para interpretar, y reinterpretar, la información extraída de los cómics, es decir, de la fuente original.

3.2 LOS TRAJES En este apartado vamos a analizar la evolución de los trajes de Batman y Superman a través de las diferentes eras en las que hemos periodizado la historia del cómic. De la misma forma como se ha hecho con los espacios y la arquitectura, vamos a ofrecer ejemplos de cada era y a analizarlos desde una perspectiva semiótica, para después, una vez presentados los fotogramas relacionados con dichas imágenes, analizar las adaptaciones dependiendo del grado de fidelidad que se ha mantenido.

El vestuario de los superhéroes es uno de los rasgos más importantes que definen al propio personaje. En el caso que nos ocupa, tanto Batman como Superman llevan dos tipos de vestuario: la ropa que utilizan en su día a día, como personas corrientes, y los trajes que se enfundan para convertirse en superhéroes. Este rasgo distintivo no es únicamente ilustrativo pues, en muchas ocasiones, ponerse el traje de superhéroe da paso a que el protagonista tenga una actitud o relación diferente con el resto de personajes que conforman su historia. Por otra parte, fuera del marco diegético del propio cómic, el traje funciona como representación total de estos personajes (Batman y Superman), ya que los emblemas y los colores de dichos trajes se han convertido en un elemento cultural. Por ejemplo, en relación con el *merchandising*, existe una gran variedad de objetos que llevan dibujado un óvalo horizontal amarillo y un murciélago negro en su interior; en este caso, una gran parte de la población podría relacionarlo con Batman. Así, hemos considerado que el vestuario de los superhéroes constituye también un elemento clave para entender su evolución desde los inicios hasta la actualidad, ya que se trata de un rasgo definitorio que va ligado a la evolución del propio personaje. Por consiguiente, en los siguientes apartados presentaremos los diferentes trajes que han llevado Batman y Superman desde su origen y, posteriormente, adjuntaremos imágenes extraídas de las películas de estos superhéroes para analizar la forma en que se han adaptado.

3.2.1 *LOS TRAJES DE BATMAN* Si hubiera que elegir una frase para definir el estilo de traje que lleva Batman sería «en constante cambio y evolución», pues, como veremos a continuación, el vestuario de este superhéroe ha ido sufriendo notables modificaciones a lo largo de las eras del cómic, de forma que existe una gran diferencia entre los trajes de sus primeras historias y los que luce en las más recientes. Así lo comenta Serra:

> Es indicativo el hecho de que Batman vaya disfrazado de animal y que, en diferentes tradiciones, el volverse semejante animal sea visto como liberación de las normas y de las prohibiciones, es decir, que se acomuna la condición animal a aquella de loco. [...] A través de su camuflaje animal, Batman resulta imprevisible y provoca el mismo efecto que el loco causa sobre una persona normal: engendra incertidumbre y, por eso, da miedo (2011: 40).

Iniciamos este análisis al final de la *Era de la Proliferación*, exactamente en 1939, año en el que apareció Batman como cómic. Estas primeras representaciones del superhéroe sentarán las bases para el vestuario que lucirá a partir de entonces: una gran capa oscura que simula las alas de un murciélago cuando el personaje salta o realiza alguna acrobacia, un traje gris claro que contrasta con la capa, unos calzones oscuros como los que llevaban los héroes de aquella época, guantes oscuros a juego con la capa y los calzones y, por último, una máscara que le cubre medio rostro bajo una capucha con una especie de orejas puntiagudas que simulan las orejas de un murciélago. Todos estos elementos se irán modificando a lo largo de los números de *Detective Comics* y dependerán tanto de la historia que se narre como de los ilustradores, entintadores y coloristas que se encarguen de continuar con esta serie.

Seis años después de su aparición ya se darán algunos cambios en el traje. El primero lo encontramos en el color de la capa, los guantes y la capucha cuando se ilustra al superhéroe de cerca. Del negro cambia a un azul pálido, quizá para darle una mayor luminosidad y así que sirva de contraste entre el traje en un lugar interior y otro exterior. El segundo elemento, siguiendo con la característica del color, lo encontramos en los calzones, pues, a pesar de que la capa, la capucha y los guantes han cambiado de color, se mantendrán del color negro original. El siguiente aspecto que vamos a analizar es el dibujo del murciélago negro estampado en su traje, pues a partir de esta era se convertirá en una de las partes más importantes relacionadas con el propio personaje. Desde el punto de vista de la semiótica, este elemento visual se podría considerar un índice, ya que no plasma con fidelidad la imagen de un murciélago (en cuyo caso sería un icono), pero sí ilustra la silueta de dicho animal, por lo que el receptor de esta imagen podría relacionar fácilmente este signo con el objeto que se quiere representar. Por otra parte, también constituirá un símbolo, pues será a partir de esta era cuando se asociará, por convención, al murciélago con Batman. Para finalizar, el último aspecto de esta era que vamos a analizar es el hecho de ilustrar los ojos blancos, como si la capucha también los cubriera. La principal razón es pasar de incógnito y así evitar que el resto de personajes descubran que Batman es Bruce Wayne. De esta forma, la capucha con los ojos blancos se convierte en un signo, específicamente un símbolo, pues el lector lo interpreta, a partir de una previa convención establecida de significación, como un intento de esconder la identidad.

La *Era del Atrincheramiento* llega con cambios mínimos en el traje de Batman, pues se intenta mantener el mismo que en la era anterior. Por consiguiente, el traje del superhéroe mantiene los colores iniciales poniendo de relieve tres elementos fundamentales: el cinturón amarillo, que podría describirse como multiusos, pues parece que tiene diferentes compartimentos y aplicaciones; la imagen de un murciélago negro en su pecho como indicador de identidad, y, por último, la capucha con orejas puntiagudas y la máscara que le cubre los ojos de blanco. No obstante, hay un elemento que se diferencia de la representación inicial del personaje: las púas de los guantes situadas en la parte del antebrazo, que le confieren una imagen más violenta o amenazadora. Esta nueva característica seguirá utilizándose a lo largo de las siguientes eras y dará paso a cambios del mismo estilo en el traje.

La *Era de la Conexión* llega con cambios en el traje de Batman, especialmente en el número 327 de la serie *Detective Comics*, en el que se anuncia el cambio de imagen de Batman a través del logotipo. Si tenemos en cuenta la figura 7, una de las transformaciones que podemos observar se da, como se ha anunciado, en el emblema que lleva el superhéroe en el pecho, pues ahora la representación del murciélago negro aparecerá envuelta en un óvalo amarillo. La razón principal de este cambio la encontramos en el uso del color, ya que se usa el amarillo para resaltar la figura del murciélago, mucho más oscura, además de servir de apoyo al cinturón, también amarillo, que se continúa utilizando desde su primera aparición. Por otra parte, la capa también se diferencia de la de la era anterior por su longitud, puesto que será mucho más corta, aunque mantenga los colores originales.

Fig. 7. Traje de Batman. Viñeta de *Detective Comics* 273 (Kane, 1967).

En la *Era de la Independencia* no se distinguen grandes cambios respecto a las eras anteriores, pues, a grandes rasgos, se mantiene el gris para el traje y el azul para guantes, botas, capa y máscara. No obstante, vamos a poner de relieve un elemento que poco a poco irá extendiéndose a todos los superhéroes, como Superman en DC o el Capitán América en Marvel: se trata de la cosificación del cuerpo masculino en los propios trajes de los superhéroes. Será a lo largo de esta década cuando los trajes comenzarán a incluir este tipo de características, pues la forma física de cada personaje determinará, en gran medida, su representación y cómo se ilustra. Se resalta, por tanto, la figura musculosa del superhéroe, lo que le confiere un aspecto de fortaleza y dureza, el de alguien con altas capacidades físicas y apto para afrontar acciones que impliquen un cierto esfuerzo físico, como, por ejemplo, correr, saltar, trepar o reptar. De esta forma, en términos semióticos, la representación de los músculos en el superhéroe podría considerarse como un índice, ya que son indicadores de un cuerpo trabajado, de alguien sano y fuerte. Por otra parte, también se podría destacar como símbolo, pues tanto la sociedad actual como la de hace cincuenta años relacionan los músculos con las características de fortaleza y seguridad, y es principalmente esta segunda la que los autores y dibujantes de cómics podrían pretender reflejar con sus personajes; un superhéroe tiene que desprender una sensación de seguridad y uno de los recursos utilizados con más frecuencia es la musculación del cuerpo.

A lo largo de la *Era de la Ambición* no se observan grandes cambios respecto a la era anterior, aunque sí pequeños detalles que hacen que Batman vaya evolucionando gradualmente. En este caso, podemos observar ciertos cambios en detalles como el cinturón, los guantes y la capa.

Por último, llegamos al periodo más largo y el que más cambios traerá a la vestimenta del guardián de la noche: la *Era de la Reiteración*. Inicialmente se mantiene el color gris para la parte principal del traje, pero, a partir de esta etapa, el azul claro utilizado para botas, guantes, capucha y capa cambia a un tono azul más oscuro, acorde con los contrastes de luz y sombra que podemos ver en las diferentes viñetas en las que aparece el personaje. Esta característica de oscurecer a Batman no solo irá conformando gradualmente el concepto del propio superhéroe, sino que también se propagará a su representación en la gran pantalla. Utilizar colores más oscuros tiene una connotación sígnica, pues según las teorías de Peirce, cuando un signo nos lleva a interpretar una idea o un concepto relacionado con esta según convenciones o creaciones propias de una sociedad, nos encontramos ante un símbolo. De esta manera, el uso de colores más oscuros en el traje de este superhéroe sería un símbolo, pues el vestuario oscuro transmite al lector la idea de misterio, intriga y, en ocasiones, peligro.

Por otra parte, aunque ya antes se destacaba la silueta de los músculos mediante el traje ajustado, se intentará, a partir de esta etapa, definirlos con mayor precisión, de forma que quede constancia, y de forma relevante, la imponente apariencia física de Batman. De la misma forma, este rasgo se aplicará al resto de superhéroes pertenecientes a DC y a Marvel, entre otros, lo que constituirá un factor característico en la creación y representación de estos personajes: las atribuciones físicas de cada superhéroe serán un rasgo definitorio que se expandirá a través de todo el género de superhéroes, ilustrando a hombres y mujeres fuertes, con altas capacidades físicas y cuerpos musculados puestos de relieve a través del traje que llevan. Serán, por tanto, elementos semióticos descritos como índices, pues, como se decía, unos músculos definidos están ligados a un cuerpo fuerte y sano, y, por otra parte, como símbolos, pues los cuerpos dotados de estas características nos hacen pensar en poder, fuerza y valentía, rasgos requeridos para ser un superhéroe.

Una vez analizadas las imágenes que explican la evolución de los trajes de Batman en la serie *Detective Comics*, vamos a mostrar dos fotogramas en los que se ve cómo es el traje de Batman en la gran pantalla.

En la figura 8 observamos un traje ciertamente similar al representado a partir de la *Era de la Ambición*, pues es en ese momento cuando se deja al margen el traje original hecho con un material semejante a la tela sintética y se opta por otro más resistente. Por ello, tanto el propio traje como la capucha serán representados utilizando el mismo material, dejando la tela para la capa, de forma que le pueda dar movilidad al conjunto del traje. A su vez, el logotipo se basa en el que apareció en los cómics por primera vez a lo largo de la *Era de la Conexión*, compuesto por un óvalo amarillo y la silueta de un murciélago en negro dentro de este. Por otra parte, atendiendo a los colores de la imagen, hay dos aspectos que se deben mencionar. El primero de ellos es el color negro que se ha empleado en el conjunto del traje, a excepción del cinturón y del logotipo en el pecho. Es notable este cambio de color, puesto que, si nos basamos en la representación del cómic, a lo largo de las etapas que hemos analizado previamente observamos que el color predominante es el gris, tanto con tonos oscuros como con claros. Este primer ejemplo parece reforzar la idea de que las adaptaciones de superhéroes a los medios audiovisuales suelen ser más oscuras que las ilustraciones que observamos en las fuentes originales, es decir, en los cómics. El segundo elemento que hay que destacar es el color amarillo utilizado para el cinturón, pues este elemento sí que mantiene la continuidad de representar de forma similar al personaje.

Fig. 8. Fotograma de *Batman y Robin*
(Schumacher, 1997).

Esta adaptación a la gran pantalla del personaje de Batman, tal y como hemos podido observar, recogerá elementos pertenecientes a diferentes eras, hecho que dotará al personaje de distintas características y formas de ser representado. Se trata, parece, de adaptar aquellos aspectos del cómic que más interesan y trasladarlos, en la medida de lo posible, al ámbito del cine.

Atendiendo a motivos visuales, hemos optado por no adjuntar ninguna imagen de la película *Batman vuelve* (Tim Burton, 1992) en este apartado de los trajes, pues se trata de una secuela de *Batman* (Tim Burton, 1989), por lo que tanto los escenarios como los personajes son los mismos y, por extensión, el traje es idéntico al de la película que le precede.

La siguiente película que se estrenó fue *Batman Forever* (Joel Schumacher, 1995) y en esta aparecen dos modelos que cabría destacar. El primero de ellos mantiene la estética del traje de la película anterior, *Batman vuelve*, añadiéndole unos pequeños cambios. El primer detalle diferente es el cinturón que lleva tanto en la primera película como en los cómics, pues se ha optado por dejar de lado el color amarillo y fusionarlo con el color negro del resto del traje, de forma que se crea una uniformidad tonal en todo el atuendo. Por otra parte, también es diferente el logotipo que el personaje lleva en el pecho, puesto que, igual que ha sucedido con el cinturón, se ha eliminado el color amarillo del óvalo y solo se ha mantenido la silueta del murciélago. Además, se han exagerado las púas de los guantes en los antebrazos, de forma que le aportan, al igual que en los cómics, un aspecto más violento y aterrador. Por otra parte, el segundo modelo se aleja del traje negro que hemos visto y se presenta como un traje metalizado con tonos grises; por tanto, presenta las mismas características que el traje anterior, a diferencia del color que lo compone y del logotipo en el pecho, que, en este caso, desaparece.

Tras *Batman Forever* llegaría *Batman y Robin* (Joel Schumacher, 1997). En esta película, al igual que en la anterior, se presentan dos trajes diferentes para el superhéroe. En el primero de ellos podremos observar algunas diferencias con respecto a los anteriores, por lo que, a continuación, vamos a destacar la representación de máscara, logotipo y cinturón, y la composición general del traje. La máscara, en esta película, pondrá de relieve los ojos sobre un fondo negro, y por extensión la mirada del personaje, hecho que no ocurre en los cómics, pues, como ya hemos visto, la mayoría de las veces en estos se representa a Batman con los ojos en blanco tras la máscara. El logotipo, por otra parte, sí parece haberse mantenido igual con respecto a la película anterior, pues se ha obviado el óvalo amarillo de la película *Batman* (Tim Burton, 1989) y se ha puesto de relieve la silueta del murciélago de color negro. De forma similar, el estilo del cinturón también se aleja de la primera adaptación con tonos amarillos y mantiene el color negro en conjunción con el traje de la versión anterior. Por último, la composición del traje se mantiene fiel tanto a la película anterior como a diversas representaciones del cómic, pues sigue pareciendo una armadura hecha con un material resistente, como cuero o caucho. No obstante, un elemento que se debe destacar es la inclusión de pezoneras en el traje, hecho que generó numerosas críticas entre periodistas y fans del superhéroe.

Si seguimos con el análisis del segundo traje de Batman en *Batman y Robin*, podemos observar notables diferencias tanto en su composición como en los colores que lo conforman. Para iniciar la reflexión, tomaremos como referencia el primer traje que aparece en la película y que acaba de ser estudiado unas líneas más arriba, pues es el que supone la continuidad en Batman. Así, el segundo traje difiere principalmente en los detalles plateados que se le añaden, pues parecen ser simplemente decorativos, ya que no aportan ninguna función extra. Un notable cambio es el logotipo del murciélago en el pecho, pues en el segundo traje la silueta del murciélago ocupa todo el pecho y el color que lo representa pasa de ser negro a plateado. Por otra parte, destacamos el uso del color plata en el traje, pues esta intencionalidad de otorgarle una similitud con una armadura será tomada como influencia en las siguientes películas.

Con la llegada de la trilogía dirigida por Christopher Nolan, iniciada con la película *Batman Begins* (2005), el traje mantendrá las características de los films anteriores con leves cambios. Si analizamos la figura 9, observaremos cómo conserva los colores negros y grises de las versiones predecesoras y, a su vez, también muestra el aspecto de una resistente armadura. El cinturón, por el contrario, se representa con tonos grises, de forma que contrasta con el resto del traje, hecho que permite poner de relieve este elemento, que será utilizado por Batman como cinturón multiusos. Estas mismas características se verán reflejadas en las otras dos películas que conforman la trilogía: *El caballero oscuro* (2008) y *Batman: la leyenda renace* (2012).

Finalmente, el último traje que vamos a analizar aparece en *Batman vs. Superman: el amanecer de la justicia* (Zack Snyder, 2015), puesto que el de la última película sobre este superhéroe, *The Batman* (Matt Reeves, 2022), está completamente influido por la estética de la cinta de Snyder. La indumentaria que utiliza es totalmente diferente a la de films anteriores, de forma que, en esta entrega, se compone de una armadura blindada que le ofrece una gran protección frente a su principal adversario: Superman. Destacamos el hecho de que el traje en esta película ha recogido la estética del que aparece en el cómic de Frank Miller *Batman: The Dark Knight Returns* (1986). Esta obra incorpora no solo una armadura al conjunto del traje, sino también un casco reforzado con luces en los ojos que simulan los típicos ojos blancos que aparecen a lo largo de toda la serie *Detective Comics*.

Fig. 9. Fotograma de *Batman Begins* (Nolan, 2005).

Por todo ello, a partir de los procesos de adaptación propuestos por Sánchez, podemos afirmar que, principalmente, y como hemos podido comprobar, el traje de Batman se adapta por transposición y por interpretación. Será por transposición en los casos en los que se adapte a partir del cómic, aunque con leves cambios debido al lenguaje cinematográfico al que se está traduciendo, y lo será por interpretación en aquellas ocasiones en las que el traje se configure a partir de cambios en su composición, pero que no afectan al traje original presentado en el cómic.

3.2.2 *LOS TRAJES DE SUPERMAN* Iniciamos el análisis del traje de Superman con el primer número de *Action Comics*, perteneciente a la *Era de la Proliferación*, que está dedicado exclusivamente a las aventuras de este superhéroe y sentará las bases de representación de su traje, tanto en forma y aspecto como en color. Así, se instauran los colores azul y rojo como los representativos de Superman. Será a partir de este momento cuando ambos colores lo identifiquen. De este modo, se establecerá el siguiente patrón de colores, el cual se convertirá en el canon de representación de este personaje: la base del traje será de color azul y la capa, las botas y el calzón de color rojo, como contraste con el resto del atuendo. Además, se ceñirá un cinturón amarillo y llevará un emblema en el pecho también de color amarillo, aunque aún no con la S que todos podemos reconocer. Serra ofrece una reflexión general, pero interesante, sobre esta figura:

> Sus características personales poseen las marcas de luminosidad y/o de la transparencia: su fuerza y sus superpoderes provienen del sol y, puesto que su cuerpo funciona como una batería solar, sus células contienen luz, su ánimo es abierto y generoso, su conciencia es inmaculada; también el disfraz que lleva es de colores brillantes y, cuando está en acción, no lleva ningún tipo de máscara (2011: 33).

Un elemento notable es la complexión física que ya muestra, es decir, desde su primera aparición Superman se representará con una buena forma física, por lo que, ya a partir de este primer número, se mostrará continuamente a este superhéroe con una complexión musculosa definida. Un último aspecto que cabe destacar es el color del cabello, en este caso azul, que se mantendrá a lo largo de varios años, hasta que se vuelva negro.

La aparición de Superman, como ya se ha comentado, supone el origen de una nueva forma de entender el cómic, puesto que servirá como referente para muchos jóvenes y adultos, por lo que su imagen llegará a ser conocida mundialmente. De esta manera, en su aparición en el cómic se destacó no únicamente su apariencia física y su traje, sino todo el ideario que le mostraba como el encargado de ayudar a todas las personas que pudieran requerir su intervención. Como comenta Serra, «Superman viste un disfraz que retoma los mismos brillantes colores de la bandera estadounidense. [...] Este tipo de estrategia comunicativa intenta tranquilizar a la gente sobre el hecho de que siempre hay alguien que los protege» (2011: 34).

A lo largo de la *Era de la Diversificación* veremos a un Superman que mantiene los colores presentes en su primera aparición en 1938, por lo que esta se convertirá en su representación canónica. No obstante, hay dos elementos dignos de ser analizados: el primero de ellos es el hecho de que se mantiene la complexión del personaje, es decir, utilizando un traje ajustado se resalta la buena condición física del sujeto, hecho ya relevante en su primera aparición. El segundo elemento hace referencia al emblema en su pecho: a partir de este momento, tendrá, principalmente en los cómics, la misma forma y los mismos colores, es decir, una S mayúscula roja sobre un fondo amarillo.

Continuamos nuestro análisis con la *Era del Atrincheramiento*, a lo largo de la cual se mantiene de forma idéntica la representación del personaje, respetando tanto la composición del traje como los colores que lo ilustran. Por tanto, se podría entender que se ha creado una continuidad del superhéroe.

A continuación, en la *Era de la Diversificación* se muestra a un Superman con las mismas características que en la era anterior, aunque, en algunos casos, se observa un cambio significativo: se añade el emblema de la S mayúscula también en la capa, aunque únicamente estará coloreado en amarillo. Creemos que uno de los motivos de este cambio en la capa viene alentado por la creación de un gran número de superhéroes con algunas características similares que ya existían en la década de los sesenta. Se trata, por tanto, de un rasgo identificativo. Por otro lado, aparecerá uno de los elementos que más tarde se adaptará a las primeras películas del superhéroe: se trata del pequeño rizo de pelo en la frente. Este detalle será un elemento representativo a lo largo de los largometrajes de Superman protagonizados por Christopher Reeve y Brandon Routh, aunque dejará de utilizarse a partir de la aparición de Henry Cavill en el papel de dicho superhéroe, como se verá más adelante en algunos fotogramas.

Fig. 10. Traje de Superman. Viñeta de *Action Comics* 273
(Siegel y Shuster, 1961).

Llegamos a la *Era de la Independencia* y con ella surgen algunos pequeños aspectos que cabe analizar en el traje de Superman. En esta era se mantiene su composición, así como los colores que lo ilustran. No obstante, uno de los elementos que destacamos es, principalmente, la inclusión de detalles más específicos tanto en el atuendo como en el propio personaje. Por una parte, se resalta aún más el cuerpo definido del superhéroe. Según se ve, a partir de esta década se dibujarán los trajes de forma que permitan definir con mayor calidad los músculos, dando de esta manera una imagen aún más musculosa que antes. Por otra parte, es necesario comentar que también su rostro mejora con la inclusión de algunos detalles, como unas líneas de expresión más definidas; el pelo, que dependiendo del número será negro o azul, y los ojos, a través de los que se entenderá con mejor claridad el estado de ánimo del superhéroe.

Con la *Era de la Ambición* llegará su aspecto definitivo, es decir, su representación servirá como inspiración tanto para los siguientes números de esta serie de cómic como para futuras adaptaciones a la gran pantalla. Así, podemos ver a un Superman de alta estatura enfundado en un traje tan ajustado que define perfectamente su musculado cuerpo. Se trata, por tanto, de ofrecer una visión prototípica de héroe, es decir, un personaje con una buena apariencia física que sea capaz de ayudar y evitar el peligro de cualquier forma. Esta representación visual del concepto de superhéroe se extenderá al resto de superhéroes, tanto los de Marvel como los de DC.

Finalmente, vamos a analizar la etapa más extensa y en la que aparecen múltiples representaciones del traje de Superman, aunque siempre siguiendo la línea estética de la era anterior: la *Era de la Reiteración*. Existen algunos aspectos dignos de mención relacionados con esta era: el primero de ellos es la composición del traje, puesto que, aunque se siguen los mismos estándares de representación de eras anteriores, veremos un emblema que ocupa casi la totalidad de su pecho, de forma que la S que representa a este personaje sea bien visible para el lector. Además, también destacamos la representación de Superman, pues, a partir de este momento, observaremos cómo en las viñetas en las que está volando por el aire se ilustra con mayor detalle, de forma que sirve como muestra del superhéroe en su mejor momento.

Otro aspecto se basa en las viñetas que muestran a Superman adoptando una postura que se convertirá en canónica: suspendido en el cielo con los brazos en jarra. Esta posición de brazos tiene una connotación sígnica. Más específicamente, sería un símbolo en términos peirceanos, pues tiene un significado propio: se puede asociar a un comportamiento de seguridad en uno mismo y firmeza. Por consiguiente, si se le representa con esta postura, no solo se está representando al personaje, sino también su reacción ante los acontecimientos que tienen lugar en la viñeta.

Por último, nos gustaría poner de relieve el hecho de que, a lo largo de esta etapa, se suceden varios autores y dibujantes, por lo que habrá distintas formas de representar e ilustrar las historias de este superhéroe. Aprovechamos, además, esta era para comentar un hecho que ha tenido lugar desde los inicios de este personaje hasta ahora, y que tiene que ver con la relación de los escenarios con el propio traje. Observamos que, atendiendo a los colores propios del atuendo de Superman, la gran mayoría de los escenarios en los que sucede la acción tienen dos características en común. La primera de ellas consiste en los tonos pastel que se utilizan para resaltar el brillo del traje, de forma que, aunque esté siempre en un plano cercano, es lo primero que el lector reconoce cuando llega a la viñeta. La segunda característica consiste en el uso del color y las tonalidades; el color principal del traje es el azul, por lo que se utilizan colores cálidos para el fondo, de forma que sirven de contraste para poner de relieve la figura del superhéroe. Se trata, por tanto, de dotar a la escena de estrategias visuales basadas en el color.

Una vez considerados los trajes de Superman, vamos a aplicar los conceptos semióticos de Peirce a dicho análisis, de forma que podamos demostrar que estas teorías sirven como herramienta para analizar los medios audiovisuales y, en concreto, el cómic. Por consiguiente, empezamos con el término *icono*. Como se ha explicado en el capítulo 3, el icono es un signo que representa a otro elemento a través de una relación de similitud, es decir, una fotografía de la Torre Eiffel sería un icono de la propia Torre Eiffel, ya que representa con exactitud ese mismo objeto. Si aplicamos este concepto a los trajes de Superman, podemos discernir que la indumentaria se convierte en icono de era en era, siempre y cuando se mantengan las características de la era anterior, ya sean los colores o la forma del propio traje; es decir, si la vestimenta preserva las características de otra anterior, se podrá considerar un icono.

Por otra parte, el traje puede ser considerado como índice si la relación con el objeto al que representa es casual o consecutiva, esto es, si existe una correspondencia del traje con otro elemento que se derive de este. Un ejemplo de este caso lo encontramos en la propia composición de la indumentaria, es decir, debido al tipo de material con el que está tejida, los músculos se perciben de forma detallada a través de la vestimenta, por lo que en prácticamente todas las representaciones de Superman su traje es un índice, pues se pone de manifiesto la relación entre el traje y la constitución física del personaje.

Por último, el traje será un símbolo si, a partir de este, el lector lo relaciona con otro elemento o concepto, ya tenga una correspondencia directa o no. Es el caso, por ejemplo, del emblema que lleva en el pecho, pues el lector relaciona directamente ese signo con Superman, aunque no tenga ninguna relación directa ni referencia visual de similitud con el objeto, en este caso, el propio superhéroe. Otro ejemplo de símbolo viene dado por el uso del color que se ha comentado en este análisis, pues dentro del mundo de los superhéroes, los colores rojo y azul son los que definen a Superman, así como el gris y el negro a Batman, el verde a Flecha Verde y el rojo, azul y amarillo a Wonder Woman. Por tanto, podemos considerar los colores como característica simbólica del traje de superhéroe como elemento sígnico.

Así, tal y como hemos tratado de demostrar, las teorías semióticas propuestas por Peirce pueden servir como herramienta analítica aplicada al cómic de superhéroes. A continuación, y teniendo en cuenta estas mismas teorías semióticas y las teorías de la adaptación propuestas por Sánchez (2010), vamos a analizar cómo se ilustra el traje de Superman en la gran pantalla, atendiendo a ciertos aspectos que se derivan del proceso de adaptación.

Comenzamos esta parte del análisis con las primeras películas de Superman. En estas podemos observar que el traje se basa en su totalidad en el que aparece en los orígenes del personaje. Es decir, se basa, en términos propuestos por Sánchez (2000), en una adaptación por ilustración, ya que se ha reproducido de la misma forma desde el medio original. Además, si abordamos este análisis de la adaptación desde el punto de vista de la semiótica, podemos asumir que se trataría de un icono, pues el traje en el cine representa, de forma idéntica, el traje aparecido en los cómics.

En las siguientes líneas vamos a prestar atención a la película que siguió a la saga protagonizada por Christopher Reeve, esta vez con Brandon Routh como Superman: *Superman Returns* (Bryan Singer, 2006). En esta cinta se siguen manteniendo las mismas características del traje que podemos observar en los cómics, de forma que se conserva la categoría de adaptación como ilustración y, a su vez, siguen siendo iconos en relación con el cómic. Si bien podemos apreciar cambios mínimos, como pueden ser un emblema más pequeño en el pecho o la aparición del mismo emblema en amarillo en el cinturón, no se trata de modificaciones relevantes que puedan influir en el propio traje.

La siguiente película de Superman, *El hombre de acero* (David S. Goyer, 2013), protagonizada por Henry Cavill, presenta algunos cambios con respecto al cómic que deben ser analizados. El primero de ellos lo encontramos en la composición del traje (fig. 11), puesto que, en esta adaptación, se mantienen todas las partes del atuendo excepto el calzón rojo, que aquí ya no existe, por lo que la parte azul del traje constituye ya todo un conjunto. Por otra parte, otro cambio relevante son los colores de la vestimenta. Si observamos detenidamente la imagen, vemos que ya no se utilizan los tonos claros de azul y rojo de los trajes previos, sino que se han sustituido por unos más oscuros. Este cambio parece conceder, tanto al ropaje como al propio personaje, una sensación de seriedad, hecho que es posiblemente transmitido como tal a los espectadores. Así, no solo es el propio traje el que sufre este oscurecimiento, acercándose a la estética de Batman, también la propia historia de la película sufre este cambio. Por consiguiente, tanto el traje como las historias de Superman se vuelven más oscuras y dramáticas, alejándose de la primera concepción de este superhéroe, de finales de los años treinta del pasado siglo, y convirtiéndolo en un personaje actual y más humano. Por otra parte, el tercer aspecto que hay que recalcar es la forma física que la propia indumentaria pone de relieve. De la misma forma que aparece en los cómics, y que ya hemos podido ver en el análisis previo del traje en la serie *Action Comics*, la definición de la forma física del personaje es un aspecto constante en todas las historias y en la mayoría del conjunto de eras del cómic que hemos analizado. Así, teniendo en cuenta los conceptos semióticos de Peirce que estamos aplicando en este análisis, podemos entender que tanto el uso de un tono de color más oscuro como la definición de los músculos son signos, más concretamente símbolos, pues, por una parte, una de las connotaciones de los colores más oscuros, en la cultura occidental, es la seriedad y, por otra, los músculos definidos se suelen relacionar con la fuerza y la valentía, como se viene indicando.

Fig. 11. Fotograma de *El hombre de acero* (Snyder, 2013).

Finalmente, llegamos a la última película protagonizada por Superman, *Batman vs. Superman* (Zack Snyder, 2016). En esta hay pocos cambios dignos de comentar, puesto que tanto el traje como el actor que interpreta al personaje son los mismos. En todo caso, destacamos la complexión de Henry Cavill, ya que en esta película su tono muscular ha aumentado y, de esta forma, representa mejor al Superman de los cómics de algunas eras, como el que aparece en la Era de la Ambición y en la de la Reiteración.

En definitiva, si llevamos a cabo un rápido recorrido por la evolución del traje de Superman adaptado a la gran pantalla, podemos observar dos fenómenos importantes. El primero de ellos es el paso de una simple prenda de tela a una creada a partir de un tipo de material resistente muy parecido al de una armadura, de forma que se ajusta al cuerpo del personaje dejando apreciar su perfecta condición física. El segundo, que también los colores sufren una modificación, pues en las adaptaciones que se inician con la saga protagonizada por Christopher Reeve vemos un traje con colores claros y luminosos y, en las últimas adaptaciones, esos mismos colores han evolucionado hacia otros más oscuros.

3.2.3 *LOS TRAJES DE BRUCE WAYNE Y CLARK KENT* Para finalizar con nuestro análisis hemos decidido unificar los trajes que utilizan estos dos personajes cuando no van enfundados en su indumentaria de superhéroes, puesto que ambos utilizan una misma combinación de vestimenta: traje completo con pantalón y americana, una camisa y, en ocasiones, una pajarita o corbata. Aunque no se consideren indumentarias de superhéroes, desde el punto de vista de la semiótica y de los procesos de la adaptación, estos atuendos son relevantes para nuestro análisis. Así, y teniendo en cuenta la similitud de los trajes de ambos, hemos optado por analizar los que aparecen en la serie *Action Comics*, dedicada a Superman/Clark Kent, aunque, como ya hemos advertido, también este mismo análisis sería aplicable a la indumentaria de Bruce Wayne.

Iniciamos este recorrido con la Era de la Proliferación, en la que el personaje de Clark Kent suele llevar una americana azul, una camisa blanca y, como complemento, una corbata roja y un sombrero marrón adornado con una cinta negra. En este caso se nos presenta el código de vestimenta que el personaje utilizará cuando no lleve puesto el traje de superhéroe, por lo que, de esta forma, se sientan las bases de cómo aparecerá en las historias de *Action Comics*. Las gafas, además, serán un complemento recurrente en la representación del protagonista, puesto que tendrán la función de evitar que Kent sea reconocido por el resto de personajes. Por consiguiente, desde el punto de vista de los estudios semióticos, convenimos que puede ser un icono si tenemos en cuenta la uniformidad de representación de un traje masculino, puesto que, comúnmente, se basa en una americana y un pantalón recto, pudiendo ser, eso sí, de diferentes colores. Será un índice si relacionamos el propio concepto de traje con otro concepto, como pueda ser el de celebración, evento u ocasión especial. Por último, lo definiríamos como símbolo si tenemos en cuenta la idea que nos transmite un traje masculino, nuevamente, en ciertos contextos culturales: riqueza, estatus social o, simplemente, elegancia.

Teniendo en cuenta el análisis semiótico previo, presentamos la figura 12, que recoge el estilo de traje que lleva Clark Kent en todas las eras, y nos limitaremos a comentar aspectos que difieren de las consideraciones arriba presentadas, puesto que, de no proceder así, repetiríamos de forma sistemática la misma información en algunas de las imágenes que se van a presentar en las próximas páginas. En este sentido, llegamos a la Era de la Reiteración, la más larga y de la que hemos seleccionado algunos aspectos que comentar, puesto que, como decimos, es la etapa más extensa y con más cambios en todo el recorrido del traje de Clark Kent y Bruce Wayne. En algunos casos, el personaje lleva una camisa complementada con unos tirantes y una corbata, lo que le confiere un estilo menos formal que en etapas anteriores, en las que siempre llevaba una americana. Ponemos de relieve la corbata desanudada, elemento que, semióticamente, sería un símbolo, pues en la mente del lector se podría formar la idea de una menor formalidad. En otros casos se nos presenta otro tipo de formalidad, diferente a la que inspira una americana y un pantalón de traje. Así, se sustituye la americana por un jersey, lo que nos parece que indica que la acción puede tener lugar en una estación fría y, por tanto, este traje funciona también como un signo, en este caso, un índice.

Fig. 12. Traje de Clark Kent. Viñeta de *Action Comics* 578 (Boldman, 1986).

Más adelante, a partir del año 2000, se empieza a presentar un estilo más informal; cambia totalmente el paradigma de representación del personaje, pues comienza a vestir con cazadora marrón sobre una camiseta negra ajustada, combinada con unos pantalones marrones ceñidos. Este tipo de indumentaria permite ilustrar con detalle su tono muscular, lo que pone de relieve la buena forma física del personaje, de la misma manera que sucede cuando lleva el traje de superhéroe. Como consecuencia, este estilo de prenda podría considerarse un símbolo, pues el el buen tono muscular puede transmitirnos la idea del ejercicio físico y la buena salud. Por otra parte, y como aspecto opuesto, vemos casos en los que los personajes llevan ropa holgada y, a nuestro parecer, informal. En una de las viñetas que ilustra a Clark Kent, la chaqueta desabrochada sobre una camiseta blanca arrugada con el letrero del *Daily Planet* sobre una esfera amarilla y unos pantalones marrones holgados le confieren un aspecto ciertamente casual, todo lo opuesto a los trajes que acostumbrábamos a ver en eras anteriores. De esta forma, este modo de vestir repercute en ciertos aspectos que se pueden analizar desde el punto de vista de la semiótica. El primero de ellos es la propia ropa holgada, pues podría constituir un símbolo que lleva al lector a concebir esta manera de vestir como poco formal, alejada de los trajes que llevaba tradicionalmente. A su vez, la propia imagen podría entenderse como índice, pues las letras que forman *Daily Planet* sobre la esfera amarilla de la camiseta se relacionan directamente con el edificio del *Daily Planet*, otro elemento de especial relevancia en las historias del personaje.

Por último, ya a partir del evento *Renacimiento*, la forma de representar los trajes de ambos personajes se amplía de manera exponencial. En ciertos casos, se vuelve al estilo formal de los orígenes de Clark Kent, vestido con una americana azul sobre una camisa blanca y, como complemento, una corbata azul. Por tanto, ponemos de relieve de esta etapa, y, por extensión, de la Era de la Reiteración, la gran variedad existente para ilustrar la manera en la que viste Clark Kent. Como indica el propio nombre de la era en la que nos encontramos, se trata de reiterar, de volver a la idea y al concepto de vestir de Clark Kent, y considerarlo como una opción para representarlo que puede combinarse con otros aspectos que se alejen de la formalidad del traje como concepto.

A continuación, vamos a presentar diferentes fotogramas de las películas de Superman en los que aparece el traje que lleva Clark Kent, para analizar la forma en la que este se ha adaptado de las historias de *Action Comics* al cine. Previamente al comentado análisis, haremos hincapié en el hecho de que no vamos a incluir fotogramas de todas las películas en las que aparece Clark Kent, puesto que, en varias ocasiones, aparece el mismo actor para realizar el papel, por lo que sería redundante comentar la misma forma de vestir en las diferentes películas, tal y como sucede, por ejemplo, en las primeras cuatro películas de Superman. Una vez puesto de manifiesto este aspecto, procedemos a la presentación de las imágenes seleccionadas.

Fig. 13. Fotograma de *El hombre de acero* (Snyder, 2013).

Fig. 14. Fotograma de *Batman vs. Superman: el amanecer de la justicia* (Snyder, 2015).

Una vez presentadas las imágenes de los fotogramas en los que aparece el traje de Clark Kent, pasamos a su análisis y comentario. Como se puede apreciar, en las películas de Superman se ha optado por presentar al personaje vestido de manera formal, utilizando americanas, camisas, gafas y corbatas. Si bien hay diversidad en los colores y los estilos de dichas prendas, todas están relacionadas con los trajes que aparecen en los cómics, es decir, se ha optado por adoptar el estilo formal de estos y aplicarlo a la indumentaria que podemos ver en la gran pantalla. Por otra parte, destacamos también el hecho de que se intenta obviar los estilos más casuales. Por último, queremos resaltar el cambio de personalidad que el traje parece provocar en el personaje: cuando Clark Kent se presenta con el estilo formal que le otorgan los tipos de vestimenta que hemos analizado anteriormente, su personalidad se vuelve más introspectiva, tímida y callada. No obstante, cuando lleva el traje de Superman, todas esas cualidades se transforman y pasa a ser un personaje valiente, decidido y orgulloso. Aun así, como comenta Serra, «en general, podemos decir que, a través de una estrategia "transparente", Superman intenta producir confianza en su figura y en sus acciones» (2011: 35).

3.2.4 *PALABRAS FINALES: LOS TRAJES* Hemos analizado el concepto de traje desde el punto de vista de la semiótica y cómo funciona en las viñetas que hemos seleccionado, puesto que, como hemos visto, puede ser tanto icono, como índice o símbolo. Ahora, vamos a considerar cómo se ha adaptado este concepto del cómic a la gran pantalla. Si observamos las imágenes y, atendiendo a los aspectos basados en el grado de fidelidad de adaptación de un medio a otro, consideramos que, en términos propuestos por Sánchez (2000), el concepto de traje parece encajar en el tipo de adaptación por ilustración, puesto que este elemento es fácilmente adaptable entre diferentes medios, ya que, sin especificar el color, el estilo y la forma de representarlo, no suelen variar entre ellos, por lo que este tipo de adaptación entre varios medios se da, comúnmente, de forma similar.

CONCLUSIONES

Como conclusión, vamos a proponer una reflexión, en primer lugar, sobre el papel de la semiótica como herramienta para analizar viñetas y fotogramas. Como hemos comentado en el capítulo 3, existen diferentes divisiones del *signo* propuestas por Peirce, aunque, en este caso, hemos seleccionado únicamente una, por motivos prácticos y de alcance, para llevar a cabo el análisis del corpus seleccionado: la división que concibe el signo como *icono, índice* o *símbolo.*

De esta forma, y como hemos podido observar a lo largo del análisis de los referentes culturales seleccionados en el capítulo 3 (es decir, los espacios y la arquitectura, por un lado, y los trajes, por otro), edificios y ciudades suelen concebirse como *iconos* si presentan las mismas características en el cómic que en el cine; como índices si tienen algún elemento que los convierte en indicios de cierta información, como el color o los elementos que lo componen, y, por último, como *símbolos* si conducen al lector o espectador a relacionar dichos elementos con otras ideas de forma arbitraria. Por otra parte, los trajes que hemos analizado también se convierten en signos, y son *iconos* si aparecen representados de la misma forma en las viñetas y en los fotogramas; índices si, al igual que sucede con los edificios, aportan algún elemento que los convierte en indicios de información añadida, y, por último, *símbolos* si el propio traje nos lleva a pensar en otros conceptos como fuerza, protección o seguridad.

Por otro lado, creemos necesario abordar también las limitaciones de esta obra. En primer lugar, consideramos que tanto Batman como Superman han sido, y son, los dos personajes más importantes de la editorial DC, por lo que recopilar el número total de historias creadas para estos superhéroes a lo largo de casi ochenta años constituiría una labor titánica. De esta forma, al elegir las series continuadas de *Detective Comics* y *Action Comics*, éramos conscientes del hecho de que estábamos dejando al margen otras obras que no pertenecían a la continuidad de ambas series pero que, en cierta forma, han sido relevantes a la hora de concebir a estos dos personajes. Estas obras, no obstante, podrían aportar más información sobre los elementos seleccionados para ser analizados, a saber, los espacios y la arquitectura y los trajes, aunque, como acabamos de mencionar, la inclusión de todas estas obras sería inabarcable en un trabajo como este. De esta manera, la acotación del corpus de trabajo ha servido para delimitar la extensión del análisis y nos ha permitido centrarnos de forma más específica en la evolución de los dos superhéroes a lo largo de ambas series.

Así mismo, hemos de reconocer las limitaciones basadas en la semiótica como herramienta analítica, pues, aunque hemos utilizado una parte (división) de las teorías semióticas propuestas por Peirce, existen otras divisiones que podrían ser validadas como herramientas de análisis para ser aplicadas a los medios audiovisuales, como es el caso que nos ocupa.

Para finalizar, creemos necesario aportar nuevos planteamientos para continuar con el análisis del cómic, del cine y de sus adaptaciones, desde un punto de vista semiótico. En primer lugar, creemos que sería interesante abordar una línea de investigación centrada en la aplicación a otros ámbitos de la categorización que hemos propuesto en esta obra, es decir, una categorización basada en la adaptación del cómic al cine.

En segundo lugar, otra posibilidad sería la creación de una línea de investigación basada en el uso de otras divisiones de conceptos semióticos propuestos por Pierce, es decir, en lugar de utilizar la división que hemos puesto en práctica y que incluye *iconos, índices* y *símbolos*, se podría recurrir, por ejemplo, a aquella que incluye *cualisignos, legisignos* y *sinsignos*, o aquella que incluye *remas, proposiciones* y *argumentos*. De esta forma, como podemos observar, existen todavía múltiples maneras de analizar estos productos a partir de teorías semióticas.

En tercer lugar, el tipo de estudio aplicado a los dos personajes seleccionados podría hacerse extensible a otros personajes de la misma condición, es decir, superhéroes. En este libro nos hemos centrado en dos paladines de la editorial de cómics DC, por lo que, inevitablemente, nos preguntamos qué ocurriría si extrapoláramos el mismo tipo de estudio a otros personajes de esta misma editorial o, incluso, a los de la otra gran editorial de cómics mencionada en este estudio: Marvel. Sospechamos que, de llevarse a cabo tal labor, los resultados serían semejantes a los obtenidos en nuestra investigación, ya que las características de los objetos de esa exploración son, al menos *a priori*, similares a las que hemos expuesto aquí, por lo que cabe esperar comportamientos semióticos parecidos en el proceso de adaptación.

Finalmente, damos por concluido este trabajo considerando que todavía queda mucho por investigar en este ámbito. En este sentido, somos conscientes de la complejidad que este tipo de estudio conlleva y de la necesidad de seguir arrojando luz sobre los diferentes aspectos que emergen del análisis de obras audiovisuales como el cómic, el cine, los videojuegos, etc., y sobre la semiótica como herramienta de análisis, aplicable a los diferentes tipos de productos audiovisuales.

REFERENCIAS BIBLIOGRÁFICAS

AGOST, Rosa (1999): *Traducción y doblaje: palabras, voces e imágenes*, Barcelona, Ariel.

ALCANTARILLA HIDALGO, Fernando José (2014): *El siglo XX en viñetas: relaciones internacionales y humanismo en el cómic europeo*, tesis doctoral, Barcelona, Universitat Pompeu Fabra.

ALTARRIBA, Antonio (2018): «Cincuenta años críticos», en Julio A. Gracia Lana y Ana Asión Súñer (coords.): *Nuevas visiones sobre el cómic*, Zaragoza, Prensas de la Universidad de Zaragoza.

ÁLVAREZ, Adrián (2019): *Las ventas de cómic norteamericano se han recuperado de la crisis de los 90... pero aquí nadie ha aprendido la lección*, en línea: <https://www.xataka.com/literatura-comics-y-juegos/vent as-comic-norteamericano-se-han-recuperado-crisis-90-aqui-na die-ha-aprendido-leccion>.

ARTEGUÍAS (3 de febrero de 2019): *Arte y arquitectura gótica*, en línea: <http://arteguias.com/gotica.htm>.

BANEGAS MARTÍ, María Amparo (2014): *La frontera entre el cine de culto clásico y el blockbuster: el universo Star Wars*, Valencia, Universitat Politècnica de València.

BARTUAL MORENO, Roberto (2008): «¿Es el cómic el único arte secuencial? Ecos de la secuencia en el arte pictórico», *Revista Digital Universitaria*, en línea: <https://www.revista.unam.mx/vol.9/ num6/art34/int34.htm>.

BARTUAL MORENO, Roberto (2010): *Poética de la narración pictográfica: de la tira narrativa al cómic*, tesis doctoral, Madrid, Universidad Autónoma de Madrid.

BEUCHOT, Mauricio (2014): *Charles Sanders Peirce: Semiótica, iconicidad y analogía*, México, Herder.

BLEICHER, Steven (2011): *Contemporary Color. Theory and Use*, Canadá, Delmar.

BLUESTONE, George (1957): *Novels into film*, Baltimore, The John Hopkins University Press.

BOBES NAVES, María del Carmen (2008): *La semiótica como teoría lingüística*, Madrid, Gredos.

BOTELLA TEJERA, Carla y Yeray GARCÍA CELADES (2018): «Del cómic a la pantalla: el traductor de *crossovers*, franquicias y *spin-offs*», en Valero Cuadra et al.: *Nuevas tendencias en traducción: fraseología, interpretación, TAV y sus didácticas*, Berlín, Peter Lang GmbH.

BOTELLA TEJERA, Carla y Yeray GARCÍA CELADES (2019): «La intertextualidad en Zootrópolis. ¿Cosa de niños?», *Trans. Revista de Traductología* 23, UMA Editorial.

BRANCATO, Sergio (1994): *Fumetti. Guida ai comics nel sistema dei medi*, Roma, Datanews.

BROWNE, Ben (2016): *10 Things You Didn't Know about Metrópolis*, en línea: <https://screenrant.com/superman-dc-metropolis-facts-trivia/>.

BROWN, Jeffrey A. (2017): *The Modern Superhero in Film and Television*, Londres, Routledge.

BURKE, Liam (2015): *The Comic Book Film Adaptation: Exploring Modern Hollywood's Leading Genre*, University Press of Mississippi.

CALDERA SERRANO, Jorge (2002): «Incidencia angular y planos en la descripción de imágenes en movimiento para los servicios de documentación de las empresas televisivas», *Biblios. Revista de Bibliotecnología y Ciencias de la Información* 13.

CASETTI, Francesco (2010): *Teorías del cine*, Madrid, Cátedra.

CASTILLO VIDAL, Jesús (2004): «Fundamentos teóricos del análisis de contenido en la narración secuencial mediante imágenes fijas: el cómic», en *El profesional de la información*, Barcelona.

CULTURA GENIAL (3 de febrero de 2019): *Arte gótico: características y principales obras*, en línea <https://www.culturagenial.com/es/arte-gotico-obras-caracteristicas/>

DC Comics (2016), en línea: <https://www.dc.com/>.

DODDS, Eric (2014): *How Superhero Movies Are Saving Hollywood*, en línea: <https://time.com/79410/justice-league-superhero-universe/>.

DUNCAN, Randy y Matthew J. SMITH (2009): *The Power of Comics: History, Form and Culture*, Londres, The Continuum International Publishing Group.

ECC Comics (2018), en línea: <https://www.eccediciones.com/>.

ECO, Umberto (1974): *La estructura ausente*, Barcelona, Lumen.

ECO, Umberto (1984): *Apocalípticos e integrados*, Barcelona, Lumen.

ECO, Umberto (1994): *Signo*, Barcelona, Labor.

ECO, Umberto (2016): *Apocalípticos e integrados*, Barcelona, De Bolsillo.

EISNER, Will (2003*a*): *La narración gráfica*, Barcelona, Norma Editorial.

EISNER, Will (2003*b*): *El cómic y al arte secuencial*, Barcelona, Norma Editorial.

FERNÁNDEZ RODRÍGUEZ, Nerea (2017): *Pervivencia y evolución del concepto de héroe literario en el cómic norteamericano de superhéroes: apolíneos, dionisíacos y prometeicos*, tesis doctoral, Logroño, Universidad de La Rioja.

FLEISHMAN, Avrom (1992): *Narrated Films: Storytelling Situations in Cinema History*, Baltimore, The John Hopkins University Press.

GARCÍA, Santiago (2010): *La novela gráfica*, Bilbao, Astiberri.

GARCÍA GONZÁLEZ, Sergio (2016): *Narraciones transmedia de no ficción. El caso de «Kony 2012»*, tesis doctoral, Universidad de Alcalá.

GARCÍA-ESCRIVÁ, Vicente (2018): «Transmediality in Digital Hollywood: The Case of Superhero Films», en *Actas de las Jornadas Científicas Internacionales sobre Análisis del Discurso en un Entorno Transmedia*, colección Mundo Digital de Revista Mediterránea de Comunicación, Universidad de Alicante.

GASCA, Luis (1966): *Tebeo y cultura de masas*, Madrid, Editorial Prensa Española.

GROUPE μ (1993): *Tratado del signo visual*, Cátedra.

GRUPO DE ESTUDIOS PEIRCEANOS (2004): *L 463: Letter to Lady Welby*, Universidad de Navarra.

GUBERN, Román (1972): *El lenguaje de los cómics*, Barcelona, Península.

GUBERN, Román (1974): *Mensajes icónicos en la cultura de masas*, Barcelona, Lumen.

GUERRERO, María del Mar (2016): *Historias más allá de lo Filmado: fan fiction y narrativa transmedia en series de televisión*, tesis doctoral, Universitat Pompeu Fabra.

GUERRERO-PICO, Mar y Carlos A. SCOLARI (2016): «Narrativas transmedia y contenidos generados por los usuarios: el caso de los crossovers», *Cuadernos Info* 38, Universidad Pontificia Católica de Chile.

HATIM, Basil e Ian MASON (1990): *Discourse and the Translator*, Londres, Longman.

HELLER, Eva (2008): *La psicología del color. Cómo actúan los colores sobre los sentimientos y la razón*, Barcelona, Gustavo Gili.

HENAO, Estefanía (2018): *A viñetas: ensayos sobre la lectura, estudio y creación del cómic*, Medellín, Universidad de Antioquía.

HENRY, Matthew (1994): «The Triumph of Popular Culture: Situation Comedy, Postmodernism and the Simpsons», *Studies in Popular Culture* 1, pp. 85-99.

HERNÁNDEZ PÉREZ, Manuel (2013): *La narrativa cross-media en el ámbito de la industria japonesa del entretenimiento: estudio del manga, el anime y los videojuegos*, tesis doctoral, Universidad de Murcia.

HERNÁNDEZ-SANTAOLALLA, Víctor (2018): *Los efectos de los medios de comunicación de masas*, Barcelona, Editorial UOC.

HERNANDO, David (2013): *Superman: la creación de un superhéroe*, Ed. Timun Mas.

HERNANDO, David (2014): *Batman: serenata nocturna*, Ed. Timun Mas.

HUTCHEON, Linda (2006): *A Theory of Adaptation*, Nueva York, Routledge.

IGAREDA, Paula (2011): «Categorización temática del análisis cultural: una propuesta para la traducción», *Íkala, Revista de Lenguaje y Cultura*, vol. 16, n.º 27.

JENKINS, Henry (2008): *Convergence Culture. La cultura de la convergencia de los medios de comunicación*, Barcelona, Paidós.

KARAM, Tanius (2014): *Introducción a la semiótica de la imagen*, Barcelona, Portal de la Comunicación Incom-UAB: El Portal de los estudios de comunicación.

KOOLE, Sander (2012): «The Birth and Death of the Superhero Film», en *Death in Classic and Contemporary Films*, Londres, Palgrave Macmillan.

LARRAD, David (2016): *Batman vs. Superman, todo mal. ¡TODO MAL!*, en línea: <www.cinemascomics.com/batman-v-superman-mal-mal/>.

LEBEL, Sabine (2009): «Tone down the boobs, please! Reading the special effect body in superhero movies», *CineAction* 77, en línea: <https://go.gale.com/ps/i.do?id=GALE%7CA200253754&sid =googleScholar&v=2.1&it=r&linkaccess=abs&issn=08269866&p =LitRC&sw=w&userGroupName=anon%7E9c6f908&aty=open -web-entry>.

LEFEVERE, André (1992): *Translation, Rewriting & the Manipulation of Literary Fame*, Londres / Nueva York, Routledge.

LEITCH, Thomas (2007): *Film Adaptation and Its Discontents: From Gone with the Wind to The Passion of the Christ*, Baltimore, The Johns Hopkins University Press.

LEMKE, Jay (1985): «Ideology, Intertextuality, and the Notion of Register», en J. D. Benson y W. S. Greaves (eds.): *Systemic Perspectives on Discourse*, vol. 1, Norwood.

LÓPEZ CATALÁN, Celestino Jorge (2016): *Las adaptaciones cinematográficas de cómics en Estados Unidos (1978-2014)*, tesis doctoral, Universitat de València.

LOSADA, Mario (2019): *Conoce cuáles son los 10 cómics más vendidos de todos los tiempos*, en línea: <https://www.lascosasquenoshacenfelices.com/conoce-cuales-son-los-10-comics-mas-vendidos-de-todos-los-tiempos/>.

LOTHE, Jakob (2000): *Narrative in Fiction and Film*, Oxford University Press.

LOZANO, Eleonora (2010): «La interpretación y los actos de habla», *Mutatis Mutandis: Revista Latinoamericana de Traducción*, Universidad de Antioquia.

MANGIRON, Carme (2006): *El tractament dels referents culturals a les traduccions de la novel·la Botxan: la interacció entre els elements textuals i extratextuals*, tesis doctoral, Universitat Autònoma de Barcelona.

MANZANO ESPINOSA, Cristina (2008): *La adaptación como metamorfosis: transferencias entre el cine y la literatura*, Madrid, Editorial Fragua.

MARTÍN MARTÍNEZ, Antonio (2001): «El cómic norteamericano en España», *Gaceta de Prensa Española* 171.

MARTÍNEZ Sierra, Juan José (2004): *Estudio descriptivo y discursivo de la traducción del humor en textos audiovisuales. El caso de Los Simpson*, tesis doctoral, Universitat Jaume I.

McCAUSLAND, Elisa (2017): *El feminismo como superpoder*, Madrid, Errata Naturae.

McFARLANE, Brian (1996): *Novel to film*, Oxford, Clarendon Press.

MERINO, Ana (2003): *El cómic hispánico*, Madrid, Cátedra, Signo e imagen.

MILLAR, Mark (2017): *Superman: Hijo rojo*, Barcelona, ECC Comics.

MOIX, Terenci (2007): *Historia social del cómic*, Barcelona, Bruguera.

MOLINA, Lucía (2006): *El otoño de los culturemas. Análisis descriptivo de la traducción de los culturemas*, Castellón, Universitat Jaume I.

MONTESINOS, Gabriel (2017): *Más allá de imagen y palabra. El potencial narrativo de la obra de Antonio Altarriba El arte de volar*, Sevilla, Universidad de Sevilla.

MURO MUNILLA, Miguel Ángel (2004): *Análisis e interpretación del cómic: Ensayo de metodología semiótica*, Logroño, Servicio de Publicaciones de la Universidad de La Rioja.

NODAL LÓPEZ, Yessie (2022): *Traducción de las referencias culturales en la subtitulación: Estudio basado en un corpus de subtítulos en inglés de películas cubanas*, tesis doctoral, Universidad de Jaén.

NOLAN, Christopher, en línea: <https://pro.imdb.com/name/nm0634240?ref_=mojo_nm_name&rf=mojo_nm_name>.

NORD, Christiane (1997): *Translating as a Purposeful Activity*, Mánchester, St. Jerome.

PAGNOTTA, Brian (2011): *Gotham City's Architecture Portrayed in Pittsburgh, Pennsylvania*, en línea: <https://www.archdaily.com/157283/gotham-citys-architecture-portrayed-in-pittsburgh-pennsylvania>.

PANTOJA CHAVES, Antonio (2007): «La imagen como escritura. El discurso visual para la historia», *Norba. Revista de Historia* 20, Universidad de Extremadura, pp. 185-208.

PARKER, John R. (2015): *Bring Us A Dream: What Sets Neil Gaiman's 'The Sandman' Apart?*, en línea: <https://comicsalliance.com/tribute-gaiman-the-sandman/>.

PEDERSEN, Jan (2011): *Subtitling Norms for Television: An Exploration Focusing on Extralinguistic Cultural References*, Ámsterdam, John Benjamins.

PEIRCE, Charles S. (1986): *La ciencia de la semiótica*, Argentina, Nueva Visión.

PEREGRINA CASTAÑOS, Mikel (2014): *El cuento español de ciencia ficción (1968-1983): Los años de «nueva Dimensión»*, tesis doctoral, Universidad Complutense de Madrid.

PODESTÁ, Paola (2006): «Un acercamiento al concepto de cultura», en *Journal of Economics, Finance and Administrative Science*, Universidad ESAN, Perú.

PONS MORENO, Álvaro (2013): «La adaptación de cómics al cine en Francia y EE. UU.: del homenaje artístico a la franquicia mercadotécnica», *Revista L'Atalante*.

RANZATO, Irene (2016): *Translating Culture Specific References on Television: The Case of Dubbing*, Londres, Routledge.

REVERT, Jordi (2020): *La intermedialidad entre cómic y cine en la era digital*, tesis doctoral, Universitat de València.

REVERTER OLIVER, Beatriz (2019): *Inclusión del alumnado con discapacidad sensorial y traducción audiovisual en las aulas de inglés de las EOI de la Comunitat Valenciana*, tesis doctoral, Universitat de València.

ROBB, Brian J. (2014): «A Brief History of Superheroes», en *Book and Boots. Reflections on books and art*, en línea: <https://astrofella.wordpress.com/2018/05/03/superheroes-brian-j-robb/>.

RODRÍGUEZ MILÁN, Juan (2013): *El superhéroe: definición e historia en el cómic*, en línea: <https://comicparatodos.wordpress.com/2013/08/25/el-superheroe-definicion-e-historiaen-el-comic/>.

RODRÍGUEZ MORENO, José Joaquín (2015): «Una nueva mirada al ocaso de los superhéroes durante la edad dorada del "comic book" estadounidense (1944-1949)», *Revista Ubi Sunt?* 29, pp. 141-152.

RODRÍGUEZ RODRÍGUEZ, Francisco (2019): *Cómic y traducción: preliminar teórico-prático de una disciplina*, Madrid, Sindéresis.

SÁEZ DE ADANA, Francisco (2021): *Una historia del cómic norteamericano*, La Catarata.

SAMOVAR, Larry A. y Richard E. PORTER (1997a): *Understanding Intercultural Communication: An Introduction and Overview*, Belmont, Intercultural Communication.

SAMOVAR, Larry A. y Richard E. PORTER (1997b): *Communication between Cultures*, Boston, Wadsworth Publishing.

SAN RAFAEL, Francisco (2017): «Introducción», en Mark Millar: *Superman: Hijo rojo*, Barcelona, ECC Comics.

SÁNCHEZ NORIEGA, José Luis (2000): *De la literatura al cine*, Barcelona, Paidós.

SÁNCHEZ RIVERA, Sonia Liced (2008): «Semiótica y lingüística. Por una interpretación del cambio cultural», *Praxis Pedagógica, Revista de la Facultad de Educación de la Corporación Universitaria Minuto de Dios* 9.

SÁNCHEZ ROMÁN, Elisena (2016): *Superhéroes en la pantalla de la guerra contra el terror. Um estúdio semiótico-discursivo a la trilogias cinematográficas Iron Man y The Dark Knight*, tesis doctoral, Universitat de Barcelona.

SANTAELLA, Lucía (1992): «Peirce y la literatura: el estado de la cuestión», *Signa: Revista de la Asociación Española de Semiótica* 1.

SANTAELLA, Lucía y Winfried NÖTH (2003): *Imagen: comunicación, semiótica y medios*, Kassel, Edition Reichenberger.

SANTAMARIA, Laura (2001a): *Subtitulació i referents culturals. La traducció com a mitjà d'adquisició de representacions mentals*, tesis doctoral, Universitat Autònoma de Barcelona.

SANTAMARIA, Laura (2001b): «Función y traducción de los referentes culturales en subtitulación», en Lourdes Lorenzo et al. (eds.): *Traducción subordinada (II): el subtitulado*, Vigo, Publicacións de la Universidade de Vigo, pp. 237-248.

SANTIAGO, José Andrés (2010): *Manga: el cuadro flotante de la viñeta japonesa*, Barcelona, Comanegra.

SANZ MORENO, Raquel (2017): *Audiodescripción de referentes culturales: estudio descriptivo-comparativo y de recepción*, tesis doctoral, Universitat de València.

SAPORITO, Jeff (2015): *Why was Pittsburgh used as Gotham City for the majority of "The Dark Knight Rises"?*, en línea: <https://the-take .com/read/why-was-pittsburgh-used-as-gothamcity-for-the -majority-of-the-dark-knight-rises>.

SAUSSURE, Ferdinand (1995): *Curso de lingüística general*, Madrid, Alianza Editorial.

SCHÄPERS, Andrea (2011): *La Alemania vista por Heinrich Heine en sus Reisebilder a través de las referencias culturales en las traducciones españolas*, Madrid, Universidad Pontificia de Comillas.

SCHIRILLO, James (2001): «Tutorial on the Importance of Color in Language and Culture», en *Color: Research and Application*, Ed. John Wiley & Sons.

SCHODT, Frederik L. (1983): *Manga, Manga! The World of Japanese Comic*, Tokio, Ed. Kodansha International.

SCOLARI, Carlos (2013): *Narrativas transmedia: cuando todos los medios cuentan*, Barcelona, Ed. Deusto.

SERRA, Marcelo (2011): *La semiosfera de los cómics de superhéroes*, tesis doctoral, Universidad Complutense de Madrid.

STAM, Robert (2000): *Beyond Fidelity: The Dialogics of Adaptation*, ed. James Naremore, Rutgers.

STAMP, Jimmy (2013): *The Architecture of Superman: A Brief History of the Daily Planet*, en línea: <https://www.smithsonianmag.com/ arts-culture/thearchitecture-of-superman-a-brief-history-of-the -daily-planet-22037/>.

TANQUEIRO, Helena (2001): *Autotraduçao: autoridade, privilegio e modelo*, tesis doctoral, Universitat Autònoma de Barcelona.

TAPIA VÉLEZ, Alba (2018): *El cómic como recurso didáctico. Una propuesta interdisciplinar en educación primaria desde la plástica*, tesis doctoral, Universidad de Cantabria.

TENDERICH, Burghardt (2014): *Transmedia Branding*, Nierstein, EIMO.

THURLEMANN, Felix (1990): *Vom Bild zum Raum. Beitrage zu einer semiotischen Kunstwissenschaft*, Colonia, Dumont.

UNCETA, Luís (2007): «Mito clásico y cultura popular: reminiscencias mitológicas en el cómic estadounidense», *Epos, Revista de Filogía* 23, UAM.

VARILLAS, Rubén (2009): *La arquitectura de las viñetas. Texto y discurso en el cómic*, Sevilla, Viaje a Bizancio Ediciones.

VICENTE, Karina y Victorino ZECCHETTO (1999): *Charles Sanders Peirce*. Recopilado en *Seis semiólogos en busca del lector*, Buenos Aires, La Crujía Ediciones.

VIDAURRE ARENAS, Carmen (2006): «Sin City: Del cómic al cine», en *XIII Congreso Internacional de Lengua y Literatura: «Narrativas visuales y audiovisuales»*, Morelia, Universidad Michoacana de San Nicolás de Hidalgo.

VILCHES, Gerardo (2014): *Breve historia del cómic*, Madrid, Nowtilus.

VILCHES, Gerardo (2019): *Memoria y viñetas. La memoria histórica en el aula a través del cómic*, coord. David F. Arriba, Valencia, Desfiladero Ediciones.

VV. AA. (2014): *DC Comics: crónica visual definitiva*, Londres, Ediciones DK.

Fuentes

Cómics

BOLDMAN, Craig (1986): *Action Comics 578*, DC Comics, California.

KANE, Bob y Bill FINGER (1950): *Detective Comics 163*, DC Comics, California.

KANE, Bob y Bill FINGER (1967): *Detective Comics 273*, DC Comics, California.

MORRISON, Grant (2017): *All Stars: Superman*, DC Comic, California.

SIEGEL, Jerry y Joe SHUSTER (1961): *Action Comics 273*, DC Comics, California.

SIEGEL, Jerry y Joe SHUSTER (1961): *Action Comics 281*, DC Comics, California.

SNYDER, Zack (2017): *Superman: Desencadenado*, DC Comics, California.

Películas

BURTON, Tim (1989): *Batman*, EE. UU. / Reino Unido, Warner Bros.

BURTON, Tim (1992): *Batman Vuelve*, EE. UU. / Reino Unido, Warner Bros.

DONNER, Richard (1978): *Superman*, EE. UU., Warner Bros.

FURIE, Sidney J. (1987): *Superman IV*, Reino Unido, Warner Bros.

LESTER, Richard (1980): *Superman II*, EE. UU., Warner Bros.

LESTER, Richard (1983): *Superman III*, EE. UU., Warner Bros.

MARTINSON, Leslie H. (1966): *Batman*, EE. UU., 20 Century Fox.

NOLAN, Christopher (2005): *Batman Begins*, EE. UU. / Reino Unido, Warner Bros.

NOLAN, Christopher (2005): *El caballero oscuro: la leyenda renace*, EE. UU. / Reino Unido, Warner Bros.

NOLAN, Christopher (2008): *El caballero oscuro*, EE. UU. / Reino Unido, Warner Bros.

SCHUMACHER, Joel (1995): *Batman Forever*, EE. UU., Warner Bros.

SCHUMACHER, Joel (1997): *Batman y Robin*, EE. UU., Warner Bros.

SINGER, Bryan (2006): *Superman Returns*, EE. UU., Warner Bros.

SNYDER, Zack (2013): *El hombre de acero*, EE. UU. / Reino Unido, Warner Bros.

SNYDER, Zack (2016): *Batman vs. Superman: El amanecer de la justicia*, EE. UU., Warner Bros.

❂

ENGLISH IN THE WORLD SERIES

This is the title of the series that the University of Valencia Press publishes within the general area of English studies. The series is designed to cover research topics that are at the cutting edge of English language studies, with a unitary theme of how contemporary English is used worldwide in a variety of functional contexts. This notion, reflected in the series title, English in the World, attempts to bring together various sub-disciplines within English studies which have a functional orientation and which emphasise the social and cultural contexts of language use. The series is envisaged as a set of collections of papers and monographs, written by established authors and newcomers to the field, primarily in and about English in order to reach the widest possible audience. However, papers featuring other languages and contributions in Spanish, to reflect the fact that the series is published by a Spanish University, are also contemplated.

Series aims

– To disseminate new research in emerging disciplinary areas within English language studies.
– To offer a forum for new and established researchers to share and exchange ideas within their developing disciplines.
– To place emphasis on the study of English in contemporary social contexts from a global perspective.
– To bring together under one umbrella studies in English language from a variety of current perspectives, including media and genre studies, corpus linguistics, pragmatics, discourse analysis and critical linguistics.

The audience

The series is aimed at students, researchers, postgraduate students, teachers and other professionals working in English studies and related disciplines.

To this end, the themes of the volumes in the series will have international appeal, and authors are encouraged to write for a wide and cosmopolitan audience.

The subjects

The list of topic areas for the initial volumes in the series is (in chronological order of publication):

Media discourse
Translation studies
Language and Genre (emphasising emergent genres)
Globalisation/internationalisation of English
Discourse analysis (including critical discourse analysis, language and ideology, etc)
Corpus linguistics
Cross-cultural pragmatics
Sociolinguistic varieties and variation

It is expected that one or two volumes will be published each year. Manuscript submissions should be sent to
https://puv.uv.es/publicar-puv